Negociação e administração de conflitos

GESTÃO EMPRESARIAL

Negociação e administração de conflitos

Yann Duzert
Ana Tereza Schlaepfer Spinola

Copyright © 2018 Yann Duzert, Ana Tereza Schlaepfer Spinola

Direitos desta edição reservados à
EDITORA FGV
Rua Jornalista Orlando Dantas, 37
22231-010 | Rio de Janeiro, RJ | Brasil
Tels.: 0800-021-7777 | 21-3799-4427
Fax: 21-3799-4430
editora@fgv.br | pedidoseditora@fgv.br
www.fgv.br/editora

Impresso no Brasil / *Printed in Brazil*

Todos os direitos reservados. A reprodução não autorizada desta publicação, no todo ou em parte, constitui violação do copyright (Lei nº 9.610/98).

Os conceitos emitidos neste livro são de inteira responsabilidade dos autores.

1ª edição – 2018; 1ª reimpressão – 2019.

PREPARAÇÃO DE ORIGINAIS: Sandra Frank
EDITORAÇÃO ELETRÔNICA: Abreu's System
REVISÃO: Fatima Caroni
CAPA: aspecto:design

Ficha catalográfica elaborada pela Biblioteca Mario Henrique Simonsen/FGV

Duzert, Yann, 1972-
    Negociação e administração de conflitos / Yann Duzert, Ana Tereza Schlaepfer Spinola. – Rio de Janeiro: FGV Editora, 2018.
    172 p.

    Área: Gestão empresarial.
    Publicações FGV Management.
    Inclui bibliografia.
    ISBN: 978-85-225-2094-7

    1. Negociação. 2. Negociação (Administração de empresas). 3. Conflito – Administração. I. Spinola, Ana Tereza Schlaepfer. II. FGV Management. III. Fundação Getulio Vargas. IV. Título.

                                                      CDD – 658.4052

*Aos nossos alunos e aos nossos colegas docentes,
que nos levam a pensar e repensar nossas práticas.*

Sumário

Apresentação   11
Introdução   13

Unidade I
O indivíduo e a nova mentalidade

1 | Interações sociais   21
    Conflitos   21
    Competição × cooperação   23
    Barganhas distributiva e integrativa   24
    Coopetição   26
    Assimetria de informações   29
    Teoria dos jogos   31
    Empatia   37

2 | Perfil dos negociadores   41
    Perfil autoritário   42
    Perfil controlador   44
    Perfil facilitador   46
    Perfil empreendedor   48
    Perfil visionário   50

3 | Razão e emoção   57
    Escalada simétrica irracional (ESI)   57
    Emoções   60
    Reação-padrão das emoções à mudança   64
    Razão   65
    Racionalidade limitada   67
    Heurísticas   68

Unidade II
A metodologia da negociação

4 | Processo de negociação: conceitos e etapas	77
Negociação	77
Conceitos básicos	81
Matriz de negociações complexas	85
Etapas do processo de negociação	86
Busca de acordos pós-acordos	93
Dilema do negociador	93
5 | Elementos do processo de negociação	95
Cognição	95
Contexto/ambiente	98
Interesses	100
Opções	102
Padrão/critérios	103
Tempo	104
Concessão	107
Relacionamento	110
Poder	113
Conformidade legal	118
6 | Formas de negociação	119
Negociação direta	120
Negociação via agentes	120
Negociação via facilitador	121
Negociação via mediador	121
Metamediação	124
Negociação informal paralela	125
Diálogo multipartite (DMP)	126
Arbitragem	126
Juiz: o poder legal	127
Polícia e força militar	127
7 | Indicadores	129
Satisfação/racionalidade	129
Controle	130
Risco	130
Otimização econômica	130
Ética	130
Justiça/equidade	131

Produtividade	131
Emoções	131
Impacto e sustentabilidade	132
Auto-organização	132
8 | Ética	**133**
9 | *Cross* cultural	**139**
Estilos de negociação	139
Como a cultura afeta a negociação?	147
Áreas de desentendimentos	148
10 | Plataforma compartilhada	**151**
Conclusão	153
Referências	157
Entrevistas, palestras TED e Curso MOOC	162
Links consultados	163
Glossário	165
Os autores	169

Apresentação

Este livro compõe as Publicações FGV Management, programa de educação continuada da Fundação Getulio Vargas (FGV).

A FGV é uma instituição de direito privado, com mais de meio século de existência, gerando conhecimento por meio da pesquisa, transmitindo informações e formando habilidades por meio da educação, prestando assistência técnica às organizações e contribuindo para um Brasil sustentável e competitivo no cenário internacional.

A estrutura acadêmica da FGV é composta por escolas e institutos, todos com a marca FGV, trabalhando com a mesma filosofia: gerar e disseminar o conhecimento pelo País. Dentro de suas áreas específicas de conhecimento, cada escola é responsável pela criação e elaboração dos cursos oferecidos pela FGV Educação Executiva, criada em 2003 com o objetivo de coordenar e gerenciar uma rede de distribuição única para os produtos e serviços educacionais da FGV.

Este livro representa mais um esforço da FGV em socializar seu aprendizado e suas conquistas. Foi escrito por professores da FGV, profissionais de reconhecida competência acadêmica e prática, o que torna possível atender às demandas do mercado, tendo como suporte sólida fundamentação teórica.

A FGV espera, com mais essa iniciativa, oferecer a estudantes, gestores, técnicos e a todos aqueles que têm internalizado o conceito de educação continuada, tão relevante na era do conhecimento na qual se vive, insumos que, agregados às suas práticas, possam contribuir para sua especialização, atualização e aperfeiçoamento.

Rubens Mario Alberto Wachholz
Diretor da FGV Educação Executiva

Sylvia Constant Vergara
Coordenadora das Publicações FGV Management

Introdução

Este livro é resultado de pesquisas que vêm sendo desenvolvidas há 18 anos na Fundação Getulio Vargas, com a participação de pesquisadores do Programa de Negociações Complexas, liderado pelo prof. dr. Yann Duzert. Fruto desse trabalho, foi criada uma metodologia de negociação, adaptada aos líderes públicos e privados, a qual denominamos *newgotiation* – uma nova forma de negociar.

Trata-se de um novo estilo, de uma nova mentalidade, de uma nova abordagem de negociação, voltada para as lideranças, dentro do contexto da administração pública e de empresas. Este método é baseado na matriz de negociações complexas, que compreende quatro etapas, 10 elementos e 10 formas de negociar, apresentada em inúmeros seminários acadêmicos e divulgada em algumas publicações acadêmicas. Alguns artigos foram publicados em coletâneas que contam com artigos de dois ganhadores do prêmio Nobel (K. Arrow e D. Kahneman), bem como de colegas da FGV, USC, Harvard, MIT, Stanford, ISCTE, Escola Superior de Guerra, Escola Superior de Magistratura, Essec, Rennes School of Business, ESCP, Paris Dauphine, UFRJ e Uerj. Sua divulgação já se estendeu a mais de 1 milhão de pessoas em todo o mundo, notadamente na China, Itália, México, EUA, França e Brasil.

"Negociação" é uma palavra de origem latina *nega otium* ("negar o ócio"), que significa negar o lazer, negar o tempo livre, negar o prazer. Estudos mostram que passamos mais de 80% de nossa vida negociando com a família, vizinhos, colegas, clientes, fornecedores, acionistas, governo, entre outros. Assim, consagramos grande parte das nossas vidas a atividades e negócios que, muitas vezes, se assemelham a verdadeiras "lutas" e, por isso, usualmente, adotamos a expressão "vamos à guerra" quando vamos negociar.

Por essa ótica, o mundo das organizações e o grande público percebem a negociação como uma tática de guerra ou jogos estratégicos, que podem ser jogos políticos, de xadrez, moba, *warcraft* ou quaisquer jogos ganha/perde. O ensino de negociação, tradicionalmente, se concentra em estratégias belicistas, em manipulações e em jogos de persuasão. A negociação tradicional é, na melhor das hipóteses, definida como um jogo de poder, de influência, enfim, de tática política. A antiga escola da negociação torna-se inapropriada e superada, porque o mundo mudou.

Negociar é gerir risco, informação e decisão. Diante da complexidade dos dias atuais, as organizações modernas e seus gestores passaram a ter mais dificuldade para tomar decisões com base na autoridade e no poder. O mundo das organizações, em permanente transformação, passa a exigir outro tipo de governança para a superação de suas eminentes crises. A governança colaborativa proporcionará uma coordenação melhor sobre a gestão de risco, das informações e da decisão. As decisões baseadas na racionalidade de uma maioria, na autoridade de um chefe ou nos jogos de poder, cada vez mais dão lugar à construção de consenso para a resolução de conflitos.

Há novos poderes dos indivíduos que permitem monetizar *lobbies*, quer na defesa de seus interesses particulares, quer na defesa de minorias, a partir de bloqueios de decisões, sejam eles na Justiça ou na imposição de regras, normas e posições de poder. Ao mesmo tempo, há uma dialética pelo fim do poder, dos conflitos de interesses e da força das redes sociais, que conduzem o indivíduo ao centro das negociações. A luta "David contra Golias" na nova era digital revela a importância da transparência, da integridade e da reputação, traduzidas em confiança. A inovação e a rapidez nas decisões são próprias dessa era digital e da transparência.

Esse novo estilo de negociação está baseado na confiança e na eficácia, sobre as quais repousam a elegância moral, a governança colaborativa, o compartilhamento do prazer pelo debate, da franqueza amigável, da busca pelo bem comum e da obtenção dos ganhos mútuos, que formam a identidade do negociador moderno.

O ex-presidente americano Bill Clinton, em seu discurso na UCLA, em 2014, confidenciou que, enquanto presidente dos EUA, a maioria dos conflitos que vivenciou teve origem na gestão da identidade. A experiência tem demonstrado que, quando as identidades das partes não estão harmonizadas, a despeito da conciliação de interesses, dificilmente os negociadores celebram o acordo.

INTRODUÇÃO

Há 30 anos, os professores de Harvard William Ury, Bruce Patton e Robert Fischer (2014) publicaram o livro *Como chegar ao sim*, que apresentava o método de negociação por interesses, por eles desenvolvido. Esse método representou um ponto de inflexão nas teorias de negociação até então existentes, pois levava em consideração a harmonização dos interesses das partes nas negociações.

O paradigma da moderna negociação, abordado neste livro, está alicerçado no triângulo identidade, interesses e cognição.

- identidade: é o primeiro passo para a preparação da negociação. Os negociadores devem conhecer uns aos outros, ter foco no indivíduo, na cultura e nas suas particularidades; buscar afinidades, visões, jeito de viver e jeito de ser que estabeleçam uma base de confiança e respeito, constituindo o ponto de partida;
- interesses: os negociadores identificam seus interesses e os interesses de cada uma das outras partes, buscando alinhá-los, conciliá-los e modelizá--los; buscam separar as pessoas dos problemas, esclarecendo-os de forma racional e controlando as emoções;
- cognição: os negociadores alinham suas percepções reduzindo o "*gap* perceptivo"; buscam compreender o problema, interpretam o posicionamento das partes, eliminam os ruídos, têm clareza sobre o contexto e mapeiam o conflito em busca de soluções vantajosas para todas as partes. Deve-se valorizar o debate para que novas ideias possam florescer.

A matriz de negociações complexas é uma técnica para condução de processos de negociação complementar ao método de Harvard. As diferenças de percepção, de etimologia, de informação e de visão de risco, próprias dos indivíduos, constituem verdadeiras fontes de conflito. Harmonizar interesses e individualidades em prol de resultados ganha/ganha, dependerá da capacidade e da habilidade de comunicação das partes.

Por outro lado, possuir técnica e praticá-la de nada adianta sem uma boa mentalidade, sem a capacidade de gerenciar emoções, sem a compreensão das linguagens oral e corporal, do valor e da integridade. Deve-se buscar ser simpático, encantar o outro, ter uma estratégia justa, saber dizer não sem ferir o outro, saber fazer concessões no momento certo, saber definir quando ser cooperativo, quando ser competitivo, quando guardar confidencialidades, quando "colocar as cartas na mesa" de forma transparente, quando ser audacioso, quando se proteger dos riscos, quando ser conservador e quando economizar recursos. Todas essas atitudes e comportamentos integram uma nova forma de inteligência contextual, que tem como base o domínio e a compreensão das ciências cognitivas, da neurociência e da biologia. Para uma alta performance em negociação, é estratégico estar atento tanto à nossa racionalidade quanto à forma como os hormônios afetam nosso comportamento. A negociação se utiliza das inovações da biologia no domínio das identidades e dos relacionamentos, perpassando pela ciência da informação, do risco e da decisão, para oferecer uma nova visão sobre as decisões conjuntas, que sejam éticas, elegantes e racionais, favorecendo os ganhos mútuos.

A inovação, gerada a partir de um maior conhecimento da neurociência e da transformação digital, é essencial para os processos de tomada de decisão, promovendo uma harmonização justa e inteligente entre uma decisão e um contexto em um dado momento.

As plataformas colaborativas permitem o compartilhamento de experiências em um moderno modo de operacionalizar e otimizar a tomada de decisão, aprendendo com quem já fez. As soluções de metamediação ajudam os negociadores a não reinventarem a roda e a se beneficiarem com a experiência das partes envolvidas no processo, de forma que as negociações convirjam, mais rapidamente, para um ponto de equilíbrio e de solução.

Como em um formigueiro, em que as formigas se beneficiam do vestígio químico deixado pela formiga precedente, como guia para orientá-las ao local do alimento, empresas líderes, como McDonald's ou Hewlett Packard, desenvolveram uma plataforma de governança colaborativa, institucionalizada, com o objetivo de aumentar o conhecimento (aprender com a experiência dos próprios colaboradores) e a probabilidade de obtenção de acordos mais racionais, produtivos e com valor, ampliando assim o "tamanho da torta".

A cultura tem um impacto direto sobre a forma de negociar, uma vez que há diferenças com relação a confiança, objetividade, racionalidade, tempo, formalidade, emoções e posicionamento face à confrontação ou à evitação.

Porém, apesar de todo o esforço para maximizar as chances de obter um acordo e criar ganhos mútuos, é importante ressaltar que nem tudo é negociável, uma vez que, muitas vezes, as questões éticas se impõem. Mandela, Gandhi, madre Teresa de Calcutá e muitos outros não aceitaram normas, costumes e legislação "injusta", e empreenderam, a despeito de todas as dificuldades e incompreensões, a integridade, a luta em defesa das leis, os princípios da humanidade e a bondade contra a barbárie e o obscurantismo. Nelson Mandela, por exemplo, passou 27 anos de sua vida preso, lutando pela reformulação de padrões e da legislação de seu país, África do Sul, que defendia o *apartheid*. O prof. William Ury, em seu livro *O poder do não positivo* (2007), analisa as dificuldades e incapacidades que temos em dizer um "não" objetivo, um "não" da recusa, da resistência às tentações, da manipulação e da corrupção.

Sua contribuição para um mundo melhor é ser um cidadão, um homem honesto, no sentido dos direitos universais do homem, com identidade, reputação, buscando um sentido para seu trabalho. É muito mais motivador poder contribuir para um mundo melhor, ter capacidade de discernimento com uma inteligência flexível para negociar, dependendo do contexto, e para saber decidir o que vale mais a pena: lutar (greve, entrar com processo na Justiça, denunciar abuso, fugir, dizer não) ou negociar.

Devemos sempre ter e mostrar uma capacidade de dialogar, de fazer evoluir os pensamentos, ressalvando que não devemos nos acomodar ou ser evasivos. A inteligência do negociador está em saber utilizar a metodologia, a ciência, a técnica e a ética; ao mesmo tempo, reconhecer as emoções, as identidades, o ser humano, o coração quente e o sentido da negociação. Esse é o dever do cidadão ético, do homem honesto, do negociador moderno, de um servidor do bem comum da *res publica* para as futuras gerações.

O livro está dividido em duas unidades. A unidade I trata do indivíduo e da nova mentalidade, abordando temas como conflitos, competição e cooperação, barganhas integrativas e distributivas, coopetição, teoria dos jogos, o dilema dos prisioneiros e a empatia. Nessa unidade serão abordadas a atualidade da aplicação da teoria dos jogos nas negociações e a antecipação dos conflitos de interesses, com o objetivo de compreender os apelos da barganha, as motivações para se negociar ou para se evitar uma negociação. A moralização necessária da vida dos negócios e a redução dos riscos passam pela compreensão dos jogos perde/perde, quais sejam: *dumping*, bolhas especulativas e precificação racional.

Em seguida, definir-se-á o perfil dos negociadores e suas principais características: autoritário, controlador, facilitador, empreendedor e visionário. Ainda, tratando do indivíduo, Daniel Kahneman (2012), em pesquisa realizada com Amos Tversky nos conduz a compreender o equilíbrio da razão e da emoção na tomada de decisão. A um extremo da razão, discute-se a irracionalidade nos processos de tomada de decisão, e Max Bazerman (2004) também nos indica atalhos para a tomada de decisão que são as heurísticas da disponibilidade, representatividade e ancoragem que, por muitas vezes, nos conduzem a decisões equivocadas. A negociação trabalha com a inteligência de modelizar o pensamento do outro, buscando conhecer os interesses da(s) outra(s) parte(s). Deve-se evitar a escalada irracional de manter-se em conflito por anos, o que, na maioria das vezes, deve-se a incompreensões, à inveja, à rivalidade mimética, ciúme e, sobretudo, o querer vencer a qualquer preço.

A unidade II tratará da metodologia do processo de negociação. A matriz de negociações complexas apresenta o processo de negociação distribuído em quatro etapas: preparação, criação de valor, distribuição de valor e implementação. Uma negociação estará ganha ou perdida em função da qualidade de sua preparação, que impactará todo o processo. O método oferecerá ao leitor uma *checklist* para negociar, fundamentada em 10 elementos: interesses, opções, poder, cognição, tempo, identidade/relacionamento, concessões, conformidade legal, padrões/critérios e contexto; 10 formas de negociação, quais sejam: direta, por agentes, facilitação, mediação, multipartite, informal paralela, metamediação, arbitragem, judicial e força militar; e 10 indicadores que avaliam qualitativamente o processo de negociação: satisfação/racionalidade, controle, risco, otimização econômica, ética, justiça/equidade, produtividade, emoções, impacto e sustentabilidade e auto-organização. Complementando, cada vez mais o ambiente da hipermodernidade transforma o processo de negociação, e serão abordados os aspectos culturais nas negociações fundamentais nesse mundo globalizado, de enorme mobilidade financeira de indivíduos, em que se tem de lidar, diariamente, com pessoas de diferentes culturas. A plataforma compartilhada também transforma o processo de negociação, transferindo o foco do autoritarismo, da força, da persuasão, e da malandragem, da "Lei de Gerson", para um jogo cognitivo ao invés de um jogo de poder.

Estamos na era da transparência, em que os poderes são divididos, em que o outro deve ser uma fonte de aprendizado, uma oportunidade de verificar suas opiniões e crenças. O novo estilo de negociar chamado *newgotiation* vem utilizar técnicas que permitem uma nova forma de liderança sobre os dinossauros da negociação, que usam a "Lei de Gerson" (tirar vantagem em tudo), a malandragem e a negociata como modelo de decisão.

Unidade I
O indivíduo e a nova mentalidade

1
Interações sociais

Conflitos

As interações sociais em todos os níveis da sociedade, frequentemente geram conflitos. Os conflitos fazem parte da natureza humana e da nossa vida, e são estressantes, pois colocam em jogo nosso capital social. Basta que haja uma diferença de interesses, de opiniões, de interpretações e de entendimentos nos relacionamentos entre pessoas, sejam de uma mesma família, de vizinhos, de grupos religiosos, de esportistas, de organizações, do governo ou dos cidadãos para que o conflito se instale. Para além dos relacionamentos, a escolha entre diferentes alternativas, quaisquer que sejam, gera conflitos para a tomada de decisão. A pergunta que se apresenta é: Qual a alternativa a ser escolhida? A partir dessa dúvida, estabelece-se um conflito que diz respeito à necessidade de escolha entre as alternativas.

Frequentemente, em situações de conflito e no próprio processo de negociação, as emoções, mais do que a razão, interferem em seu desenvolvimento e resolução.

Buscar a compreensão e a empatia, reconhecer e minimizar as diferenças, estar com a mente aberta às novas e diferentes ideias para atender aos interesses das partes envolvidas constituem elementos fundamentais para a resolução dos conflitos. Essas ações minimizam os desgastes físico, emocional e financeiro e os custos associados, muitas vezes desnecessários, tornando a solução mais efetiva e satisfatória para ambas as partes.

> Quem assiste a sessões da TV Justiça percebe que a frase que Rosa Weber mais pronuncia é: "Eu gostaria de entender seu argumento". O que, ademais, mostra respeito aos seus pares interlocutores (Falcão, 2017:3).

Os conflitos são diferenças existentes entre duas ou mais pessoas ou grupos, caracterizadas por tensão, emoção, discordâncias e polarização, em que a afinidade é quebrada. Há também conflitos de cunho pessoal, quando temos de fazer nossas escolhas pessoais para a tomada de decisão. Nesse caso, a negociação é feita consigo mesmo, avaliando os benefícios e custos das alternativas para a tomada de decisão.

De acordo com Dubrin (2005 apud Donati, s.d.:6) as relações conflituosas geram desconforto e estresse. Conforme o autor,

> os gerentes alegam que gastam, pelo menos, 20% de suas atividades no trabalho resolvendo, diretamente, ou indiretamente, os conflitos e que estes têm conteúdo emocional suficiente para levar as pessoas envolvidas ao estresse.

Por outro lado, o conflito é um processo de construção e de sustentação de diferentes percepções e interpretações da realidade. Dependendo da ótica pela qual enxergamos um determinado problema, podemos interpretar e depreender diferentes resultados. Quando dois ou mais indivíduos vivenciam uma mesma situação, se indagados posteriormente, eles oferecerão diferentes respostas, discorrendo sobre emoções e razões, de formas absolutamente distintas.

O conflito, quando levado a extremos, produz perdedor(es) e ganhador(es). Tanto o perdedor quanto o ganhador acabarão perdendo. O perdedor, tipicamente, sente-se injustiçado, o que o leva a ficar com raiva e a buscar, no futuro, uma retaliação (revanche). Dessa forma, o conflito não fica encerrado, fica postergado, pois o perdedor buscará uma nova oportunidade para "devolver" a "injustiça" que foi cometida contra ele. O perdedor tentará buscar uma compensação no futuro, e o ganhador obterá a vantagem no presente.

> O prof. William Ury, em uma entrevista, destacou uma regra de ouro em negociações: "O segredo é conseguir se colocar na posição do outro lado. Se você busca vencer tentando derrotar o outro, não funciona", diz. "Você até terá uma vitória temporária, mas depois de um tempo volta, e aí vira uma espécie de jogo de pingue-pongue" (O Estado de S. Paulo, 2017).

O conflito, quando não levado a extremos, com o respeito às diferenças, pode ser uma fonte de ideias novas, de discussões abertas, permitindo e facilitando a expressão e exploração de diferentes pontos de vista, interesses e valores.

Competição × cooperação

A negociação é um jogo de forças? Como respondemos aos conflitos?

Podemos iniciar essas questões a partir de dois perfis: o indivíduo competitivo (quadro 1) e o indivíduo colaborador (cooperativo) (quadro 2). Acrescentamos a essa polarização a possibilidade de sermos colaboradores (cooperadores) e competitivos ao mesmo tempo, ou seja, o indivíduo é, por natureza, um ser cooperativo e competitivo. Ser competitivo não é demérito; a competição é necessária para criar novas oportunidades, para desenvolver novas técnicas, para ter motivação para "superar" o oponente, enfim, para evoluir.

Quadro 1
Características dos indivíduos competitivos

- Maximizam seus próprios resultados.
- Veem a outra parte como adversária.
- Fazem uso do poder para impor soluções que lhes sejam vantajosas.
- Recorrem a ameaças.
- Realizam ofertas irrealistas.
- Não são abertos.
- São desconfiados, manipuladores.
- Minimizam a partilha de informações.
- Minimizam as possibilidades de concessões.
- Tendem a apresentar menores padrões éticos que os cooperativos.
- Não reconhecem as diferenças.

Quadro 2
Características dos indivíduos cooperativos

- Têm por objetivo uma solução razoável.
- Maximizam resultados conjuntos.
- Possuem comportamento afável e sincero.
- Confiam em parâmetros objetivos.
- Têm atitude aberta e de confiança.
- Raramente ameaçam.
- Fazem concessões unilaterais.
- Exploram alternativas.
- Criam valor para ambas as partes.
- Maximizam a partilha de informações relevantes.

Como você negocia? Você tem um perfil mais, ou menos competitivo? Arriscamos afirmar que os indivíduos, em determinadas situações, podem ser mais competitivos e, em outras, mais cooperativos.

> Temos que aprender que precisamos de nossos adversários para competir, evoluir. A rivalidade tem limites (comentário do jogador de futebol, Diego – meia do Flamengo – sobre conflitos entre torcidas). (SporTV 12 fev. 2017).

Nesses termos, a competição pode ser e deveria ser sempre saudável. Imaginemos que não houvesse diferenças, imaginemos que não houvesse adversários à altura para que pudéssemos aprender com eles! Não teríamos desafios, motivação, interesse etc.

Barganhas distributiva e integrativa

Há dois tipos de barganhas: distributiva e integrativa.

A *barganha distributiva* tende a ser mais competitiva quando as partes buscam o melhor para si mesmas, sem pensar no outro, em jogos *ganha/perde*, também denominados *jogos de soma zero*. Por que soma zero? Porque quando uma das partes ganha, a outra parte perde. Assim, pode-se interpretar que houve um ganho para uma parte (+1), que correspondeu a uma perda para a outra parte (-1), cujo total é igual a zero (o balanço +1 - 1 = 0). Esse resultado é unilateral, pois somente uma das partes ganha.

A *barganha integrativa* ocorre quando as partes tentam tirar algo mais da negociação. As partes trabalham em conjunto para aumentar o "tamanho da torta", havendo, dessa forma, o suficiente para que todos ganhem. Vejam o exemplo a seguir:

> **Caso Grécia e Turquia – Ilha de Chipre**
>
> Há uma divisão de território. A ONU, por medida de segurança, controla uma faixa da terra que separa a Chipre grega da Chipre turca. Pode-se observar no texto a seguir, como a existência de serviços comuns de esgoto, linhas de celulares pode ampliar o "tamanho da torta". Cada um mantém suas áreas, mas ambos ampliam suas possibilidades e racionalizam custos quando se utilizam de serviços comuns.
>
> Transcrição de parte da reportagem do *The Guardian*: "[...] Akinci diz que a mensagem de Ancara é de paz. 'Eles desejam uma solução e a desejam o mais breve possível', insistiu o líder quando foi recebido pelo Presidente Recep Tayyip Erdoğan, quando de sua visita oficial à Turquia.
>
> 'É nosso destino que os cipriotas turcos e os cipriotas gregos vivam juntos nesta ilha. O problema de Chipre foi negociado de forma exaustiva. Tudo isso que é necessário, agora, é determinação, vontade política e uma sabedoria e visão compartilhadas'.
>
> A busca para resolver a disputa mais longa da Europa, até agora, sempre falhou na incapacidade das duas comunidades para cederem às questões espinhosas de governança, território e segurança.

> 'O que não podemos ter é uma outra decepção' declarou Akinci, cuja eleição, de forma incomum, foi recebida positivamente pelos cipriotas gregos. 'Temos que ter cuidado em nossas mensagens. Temos que ter empatia. Quando nós olhamos para eles, e eles olham para nós, é importante ver que não somos inimigos, mas sim, futuros parceiros'.
>
> [...] trabalhando com suas contrapartes gregas para estabelecer o que deve nestes dias ser o exemplo mais notável de reconciliação feito no passado: um sistema comum de esgoto que atenda a ambos os lados da zona morta, patrulhada pelas Nações Unidas – Nicosia" (Smith, 2015).

Os jogos cooperativos geram resultados ganha/ganha que são superiores aos resultados dos jogos competitivos. Um jogo ganha/ganha é aquele em que o melhor resultado obtido é "bom" para todas as partes, ou seja, quando todas as partes sentem-se ganhando e satisfeitas com o resultado. No resultado ganha/ganha, não importa uma divisão 100% equitativa entre as partes; o que importa é que as partes entendam o resultado como justo, concordem com ele e se sintam ganhando, obtendo ganhos mútuos.

As negociações cooperativas são muito mais ricas, pois envolvem interesses, criam, inovam e distribuem os valores envolvidos e interesses identificados. Nos jogos cooperativos, a comunicação prévia e a busca conjunta de dados são recomendáveis.

Na figura 1, depreendemos que os resultados de uma *negociação competitiva* ficam restritos à área próxima ao eixo do gráfico, que corresponde a resultados (0 x 0; 1 x 0; 1 x 1 etc.), ou seja, os resultados são bastante tímidos quando comparados com os resultados de negociações cooperativas ou integrativas. Resultados 10 x 0; 12 x 1 não são tímidos, porém são resultados ganha/perde, insatisfatórios para, pelo menos, uma das partes.

Na negociação cooperativa, cada jogador vai cedendo, gradativamente, posições que vão sendo conquistadas pelas outras partes, e assim, ao invés de se obter um resultado 10 x 0, poder-se-á obter resultados que sejam mais equitativos, da ordem de 5 x 5 ou 6 x 5, ou 10 x 11 ou 12 x 14, por exemplo.

Na subseção "Etapas do processo de negociação" (unidade II), verificar-se-á que as negociações contemplam etapas cooperativas (criação de valor) e competitivas (distribuição de valor). Da mesma forma que os indivíduos possuem perfis cooperativos e competitivos, o processo de negociação será mais bem-sucedido se as etapas cooperativa e competitiva forem bem exploradas.

Figura 1
Resultados de negociações competitiva e cooperativa

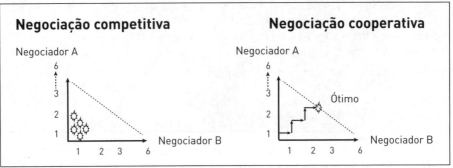

Coopetição

Cunhado por Barry J. Nalebuf e Adam M. Brandenburger (1996), o termo coopetição foi criado para representar a forma de "colaborar para competir". Trata-se de um modelo no qual os agentes cooperam para criar valor e competem na divisão de valor, a partir do que foi criado. O paradoxo de competir e cooperar simultaneamente também maximiza valor para as partes.

Nas negociações, coopera-se sem precisar "ser somente santo" e compete-se "sem precisar matar a outra parte", o que pode ser feito por meio do relacionamento, da partilha de informações, da integração, de ações de iniciativa comum (por exemplo, uma compra coletiva de insumos) e da racionalização de processos. A competição é saudável para pressionar o desenvolvimento de novos produtos e para criar novos mercados, mantendo a individualidade de cada negócio.

Em resumo, um produto pode se tornar mais valorizado quando associado a outro produto. Por exemplo, a oferta de um seguro gera valor, incentivando a venda de um produto, seja um automóvel, um micro-ondas, por exemplo; a venda "casada" do pires com a xícara, do terno com a gravata... Quando se trata de competição, não há valor gerado pela associação de um produto a outro, pois na verdade o que existe é uma divisão de valor. Vejamos a competição da Pepsi-Cola com a Coca-Cola, é um jogo ganha/perde, não agregando qualquer valor para as empresas.

No mundo empresarial, a adoção do conceito de coopetição permite maximizar o resultado do negócio. De que forma? As empresas obtêm as vantagens tanto da cooperação quanto da competição, em uma repartição justa do valor e incentivo à inovação e à diferenciação.

INTERAÇÕES SOCIAIS

> **Pepsi vs. Coca-Cola***
>
> "Pepsi e Coca-Cola: um duelo entre gigantes que dura há mais de um século, a um custo de bilhões de dólares. Pepsi e Coca-Cola: cem anos de guerra com inigualáveis consequências socioeconômicas, inúmeras vítimas, espiões, manobras desleais, tréguas e novos ataques. Pepsi e Coca-Cola: uma guerra de sede em fúria opondo duas multinacionais ultrarricas determinadas a dominar o negócio de bebidas do mundo" (Simon, 2016).
>
> "Desde que chegaram ao mercado, Coca-Cola e Pepsi rivalizam pela maior fatia de consumidores, não se limitando aos refrigerantes e estendendo a briga a segmentos como chás, sucos e energéticos. Acirrada, a disputa se reflete na mídia na forma de comerciais ousados em que não é raro uma marca recorrer à Justiça, ofendida com a atitude da outra. Mais comum nos Estados Unidos, onde a tática é culturalmente mais aceita, a estratégia provocativa das empresas tem rendido vídeos fantásticos ao público que admira peças publicitárias" (documentário na RTP Portugal, 2017).
>
> * Coca-Cola criada em 1886 e Pepsi-Cola em 1903.

O sucesso de grande parte das empresas é dependente do sucesso das outras empresas concorrentes. Em ambientes altamente competitivos, em que podem surgir novos rivais fortes, a dinâmica das empresas valoriza a colaboração em coopetição. Cooperar para competir pode caracterizar-se como um movimento ao encontro de alianças estratégicas entre as empresas.

Uma aliança estratégica reforça as parcerias. Assim, a coopetição entre empresas é formalizada por meio de acordos cooperativos, em um ou vários pontos da cadeia logística. Pode-se considerar, ao lado da concorrência no negócio, a obtenção de ganhos comuns, como o que ocorre, por exemplo, na criação de polos comerciais de mesmo ramo de atividade, tais como:

- polo comercial de tecidos;
- polo comercial de malhas;
- polo comercial de móveis;
- polo de artigos de decoração e casa;
- polo de informática.

Como a coopetição poderia trazer ganho para todos os envolvidos? Vejamos, a seguir, a aplicação desse conceito nos polos comerciais:

1. compra conjunta de matérias-primas – quanto maior quantidade comprada, melhor poder-se-á negociar vantagens de preços, formas de pagamento, custos de entregas, prazos etc.;

2. propaganda conjunta – realização de campanhas conjuntas para atrair clientes para o polo. Exemplo: campanhas de Natal, de Carnaval, Dia das Mães. O custo das campanhas seria compartilhado entre todos os lojistas;
3. atratividade de clientes – a criação de um polo traz sinergia para os comerciantes. Os indivíduos têm maior propensão a visitar um polo comercial, uma vez que dispõem de mais alternativas, muitas lojas para encontrar o produto desejado, melhores preços e prazos. Se uma loja estiver localizada em uma área de comércio diversificado, perderá a oportunidade de receber clientes potenciais, pois um indivíduo sente-se desmotivado a se deslocar para uma região que possua uma única loja que comercialize o produto desejado;
4. compartilhamento de economias externas – uma vez constituído um polo comercial, outros negócios complementares se instalarão no entorno do polo, oferecendo alimentação, estacionamento, bancos etc., que facilitarão a vida dos clientes que visitarem aquela região, incentivando a atração de clientes;
5. parceria na pesquisa e desenvolvimento – compartilhamento de custos, de ideias, de equipamentos no desenvolvimento de pesquisas conjuntas, além do ganho de sinergia;
6. racionalização de transporte, compras conjuntas, entre outros;
7. coprodução e *joint venture* (exemplo: indústria automobilística) – permitir que empresas com produções complementares se instalem dentro de seu negócio, compartilhando a infraestrutura. Por exemplo, instalar na planta de uma fábrica de automóveis um fornecedor de tintas para pintura dos automóveis (bastante específica). Esse fornecedor terá a oportunidade de acompanhar de perto a pintura dos automóveis, adquirindo experiência e disseminando a técnica de pintura automotiva, características e manuseio do produto, otimizando os resultados. Trata-se de um jogo ganha/ganha, no qual tanto o fornecedor quanto o cliente sairão ganhando;
8. compartilhamento de espaço físico – os comerciantes poderão, em conjunto, compartilhar uma única área coletiva para guardar seus estoques, minimizando a necessidade de espaço físico individual, otimizando espaços ociosos e reduzindo custos. Essa área tanto pode ser outro espaço externo ao seu negócio como pode ser a otimização de um espaço ocioso de outro comerciante.

Em resumo, a coopetição é um conceito relativo ao comportamento de cooperação competitiva entre empresas, que cooperam para atingir determinados objetivos e competem na hora de dividir os ganhos. Um concorrente próspero é menos perigoso do que um concorrente desesperado.

As empresas devem buscar:

- uma concorrência que não seja destrutiva;
- deixar que seus concorrentes sejam bem-sucedidos como concorrentes;
- obter ganhos-mútuos com seus concorrentes.

> No filme *O poderoso chefão II*, Michael Corleone afirma: "Mantenha seus amigos perto, mas os seus inimigos mais perto ainda".

Assimetria de informações

Não há como se conhecer todas as atividades de uma empresa, nem a intenção, nem o conhecimento de todos os indivíduos. Cada indivíduo possui um conjunto de informações que difere, em sua maioria, do conjunto de informações conhecido por outros indivíduos. A informação é um aspecto fundamental nas relações pessoais, políticas e econômicas, principalmente em processos concorrenciais.

Muitas vezes, mal-entendidos advêm da falta de informações ou de informações incompletas, acarretando erros de compreensão e de percepção. Esses erros conduzem para além do problema a ser negociado, a outros problemas de ordem pessoal, que acabam minando o relacionamento e gerando novos conflitos.

Há várias tensões em negociação, tais como: criação e distribuição de valor, empatia e autoafirmação, mandante e mandatário e sigilo e transparência (Colson, 2007). Com relação a esta última, pergunta-se: o que deve ser/estar transparente (exposto); o que deve ser/estar estrategicamente mantido em sigilo; e o que deve ser gradativamente tornado transparente As empresas e os indivíduos têm interesses estratégicos em ocultar as informações a seu respeito, de forma que seus concorrentes ou interlocutores não se beneficiem dessas informações. O custo de obtenção das informações relevantes é muito elevado, como é também alto o custo da manutenção do sigilo.

Nos modelos, em que as partes comportam-se estrategicamente, está presente a assimetria de informações. Faz-se necessário, assim, considerar: (i) as informações que cada uma das partes detém; (ii) as informações que são do conhecimento de todos; e (iii) as informações que se supõe que os concorrentes possuem uns sobre os outros.

Em resumo, toda negociação tem início com uma assimetria de informações. Cada uma das partes tem informações limitadas sobre a(s) outra(s) parte(s). Uma das habilidades a ser desenvolvida é a de reduzir, estrategicamente, a assimetria de informações, o que pode ser feito por meio da busca conjunta de dados. Em uma negociação, quanto maior o número de negociadores/partes, maior será a assimetria de informações, acentuada pela comunicação deficiente entre as partes.

> **Eis um exemplo de assimetria de informações**
>
> Em uma cena do filme *Estrada da perdição*, dois assaltantes de banco travaram um diálogo próximo aos termos a seguir:
> - Quanto vou receber pelo assalto ao banco?
> - Quanto deseja receber?
> - 200 dólares.
> - OK, lhe pagarei os 200 dólares.
>
> O assaltante que pediu os 200 dólares ficou intrigado com a pronta concordância do comparsa e perguntou, em seguida:
> - Se eu lhe pedisse 300 dólares, você me pagaria?
> - Ah!! Isso você nunca saberá...

Pode-se depreender do diálogo apresentado a assimetria de informações. A mesma informação não é conhecida pelas duas partes. Cada indivíduo detém uma parte da informação. Assim, pode-se afirmar que:

> Cada parte tem informações limitadas sobre os verdadeiros objetivos e interesses da outra parte.
>
> Não é óbvio saber o que se deve oferecer, como oferecer ou como encontrar o que mais poderá ser oferecido.

Destaca-se a importância de focar no outro, de se colocar no lugar do outro e tentar perceber todas as possíveis reações suas e as dos outros, o quanto mais puder. Devemos nos antecipar às reações dos outros a partir das nossas próprias ações, e essa perspectiva nos permite descobrir que as chances de sucesso são maiores na posição ganha/ganha do que na posição ganha/perde.

Ao se preparar para uma negociação, deve-se mapear o jogo/conflito. Seguem algumas perguntas importantes para esse mapeamento:

- Quem são os jogadores/negociadores e como eles poderão maximizar valor?
- Quais interesses são complementares e o que pode ser oferecido?
- Quais jogadores são competidores? Existiria alguma forma de se beneficiar com a criação de valor?
- O que podemos fazer para alavancar o relacionamento entre fornecedores e consumidores?

Teoria dos jogos

A teoria dos jogos sistematiza, por meio de modelos matemáticos, o processo de decisão dos indivíduos que interagem entre si, a partir da compreensão lógica da situação em que estão envolvidos. A teoria dos jogos ajuda no desenvolvimento da capacidade de raciocinar estrategicamente.

Inicialmente, sua aplicação tinha um foco eminentemente econômico tendo, a partir da década de 1980, passado a ser objeto de discussão de cientistas e pesquisadores das mais diversas áreas de conhecimento, tais como: biologia evolutiva, psicologia, neurologia e modelagem do comportamento de agentes (racionais ou não).

Dependendo da oportunidade de comunicação entre as partes, os jogos podem ser cooperativos e não cooperativos. Nos jogos cooperativos, é permitida uma comunicação prévia entre os jogadores, antes de decidirem a estratégia que adotarão durante o jogo. Nos jogos não cooperativos, não há comunicação prévia, apesar de poder haver um conhecimento comum, partilhado pela cultura, convívio social ou capacidade cognitiva dos jogadores, que dão uma "pista" de como as partes envolvidas se comportarão.

Se a relação entre indivíduos ou organizações for por tempo indeterminado, a cooperação acaba se estabelecendo. Por exemplo, se uma empresa verifica que teria um ganho significativo desrespeitando uma cláusula do contrato, o fato de saber que a relação entre contratante e contratada será de longo prazo faz com que a empresa cumpra corretamente o contrato, mantendo o caráter da cooperação; o mesmo pode-se depreender com relação ao cartel: se as empresas cartelizadas cumprem a determinação do cartel de reduzir a produção para aumentar o preço do produto, todos ganham. Se uma das empresas contrariar essa orientação e não reduzir sua produção, ela ganhará ainda muito mais, pois manterá a produção e a venderá com preços maiores, considerando a escassez que será provocada com a redução da produção de algumas empresas. Mas se todas as empresas do cartel, dentro de uma racionalidade possível, resolverem, simultaneamente, contrariar a decisão, o cartel como um todo sairá perdendo, prejudicando assim sua estratégia de longo prazo.

O caso a seguir, foi baseado na palestra proferida pelo prof. Michael Ambühl no TED sobre engenharia da negociação, quando ele apresenta o conflito das centrais nucleares ocorrido entre Irã e EUA, modelado com base na teoria dos jogos.

Palestra "Negotiation engineering" – Michael Ambühl – TED 2016

O Irã anunciou que estava trabalhando em uma nova central nuclear em Darkhovin e declarou seu interesse em desenvolver instalações de médio porte e explorar novas minas de urânio.

Conflito

O governo iraniano afirmava que o objetivo do programa era desenvolver centrais nucleares para fins pacíficos.

Os governos dos EUA e de outras nações alegavam que o programa era um meio para obter armas nucleares e o governo iraniano negava categoricamente tais acusações.

O Conselho de Segurança da ONU havia adotado três resoluções de sanções contra o Irã, com o objetivo de pressioná-lo a suspender suas atividades de enriquecimento de urânio. Os EUA e seus aliados pressionavam para que houvesse uma quarta resolução desse tipo.

Enquanto o P5+1 (França, Reino Unido, Alemanha, EUA, Rússia e China – membros permanentes do Conselho de Segurança da ONU), acrescido da Alemanha, discutia o conteúdo dessa quarta resolução de sanções contra o Irã, o governo iraniano se manifestou preparado para reabrir as discussões sobre a troca de urânio iraniano. As potências ocidentais viam o acordo como uma forma de retirar do Irã uma boa parte do seu urânio pouco enriquecido.

Havia uma desconfiança e uma retórica não construtiva.

O prof. Michael Ambühl, que trata do tema Engenharia da Negociação, apresenta este problema na forma de um modelo matemático, baseado na teoria dos jogos desenvolvida por John von Neumann e Oskar Morgenstern. Vejamos a matriz 1, a seguir:

▼

INTERAÇÕES SOCIAIS

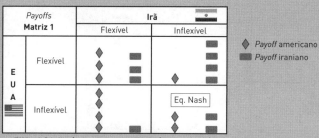

EUA e Irã inflexíveis – sem negociação (perde-perde)

- Flexível: representado pelo desejo de negociar.
- Inflexível: representado pelo desejo de NÃO negociar.

Pode-se visualizar, na matriz 2 que, se o Irã e os EUA modificarem seu posicionamento de flexível para inflexível, eles ganharão um ponto cada um; logo, eles não têm nenhum incentivo para serem flexíveis. A estratégia estável, nesta situação, é a de inflexibilidade, pois ambos escolheram transferir seus pontos. Assim, a posição 2 × 2 é o equilíbrio de Nash, uma situação de não negociação, em uma estratégia perde/perde.

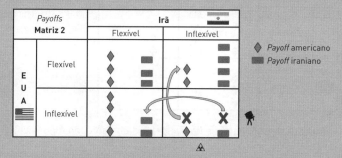

Nessa estratégia da não negociação (inflexibilidade), os EUA ampliariam a quantidade de sanções, no caso de quatro para 80, e o Irã aumentaria a quantidade de centrífugas de 200 para 20.000. Ambos sairiam perdendo, ampliando o nível de tensão. Como interromper esse conflito?

Somente fatores externos poderiam modificar esse jogo, por exemplo, mudanças na presidência americana do presidente Bush para o presidente Obama; e, no Irã, do presidente Ahmadinejad para o presidente Rouhani.

As mudanças nos fatores externos poderiam modificar o jogo, mudar as percepções e os resultados para os dois jogadores. Continuando a análise apresentada, o aumento das sanções começa a ser sentido pelos iranianos, que, para minimizar seus efeitos, se dispõem a flexibilizar. Por outro lado, os americanos tornam-se também mais flexíveis diante da possibilidade de aumento da quantidade de centrífugas (matriz 3).

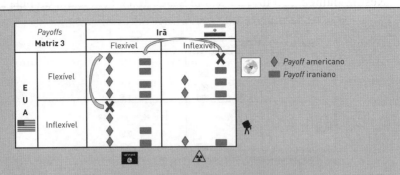

A partir desse momento, o Irã percebe que a flexibilização das sanções contribui para a melhoria das condições da população local e que o envolvimento político do Irã poderia ser útil para que, algum dia, alcançassem a estabilização da região.

A partir das mudanças de inflexibilidade para flexibilidade, tanto dos EUA quanto do Irã, a nova estratégia estável passa a ser a estratégia flexível/flexível, em uma posição ganha/ganha (matriz 4).

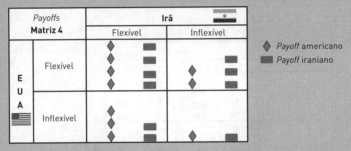

Quando as duas partes tornam-se flexíveis, uma boa solução é possível. (Ambühl, 2016).

- A matemática pode ajudar a "desemocionalizar" um problema e melhor atender ao processo. Outros exemplos podem ser citados: problemas de seleção de funcionários, regulação da migração, restrição de arsenais nucleares, compra de empresas, concessão de empréstimos, entre outros.

Dilema dos prisioneiros

O dilema dos prisioneiros é um problema típico da teoria dos jogos, aplicado à assimetria de informações e representa o dilema das partes entre cooperar e não cooperar (trair) uma à outra.

Resumidamente, o dilema dos prisioneiros é representado pela seguinte situação: dois suspeitos, A e B, são presos pela polícia, que não tem provas suficientes para condená-los. Os dois suspeitos são levados à delegacia, ficam separados em diferentes salas e a polícia oferece a ambos o mesmo acordo. É pressuposto que fiquem incomunicáveis, ou seja, não poderá haver qualquer diálogo entre eles, a partir do momento em que forem conduzidos à delegacia.

Propostas da polícia:

1. se um dos suspeitos confessar (trair o outro) e o outro permanecer em silêncio, aquele que confessar sairá livre, enquanto o cúmplice silencioso cumprirá 10 anos;
2. se ambos ficarem em silêncio (colaborarem um com ou outro), a polícia só poderá condená-los a um ano cada;
3. se ambos confessarem (traírem o comparsa), cada um será condenado a cinco anos de prisão.

A figura 2 é a representação gráfica do dilema do prisioneiro que permite visualizar o cenário de forma integrada, entender as opções e as implicações para cada jogador (suspeito).

Figura 2
Matriz dilema dos prisioneiros

	Suspeito A Colaborar (silêncio)	Suspeito A Trair (confessar)
Suspeito B Colaborar (silêncio)	1 ano / 1 ano	Livre / 10 anos
Suspeito B Trair (confessar)	10 anos / Livre	5 anos / 5 anos

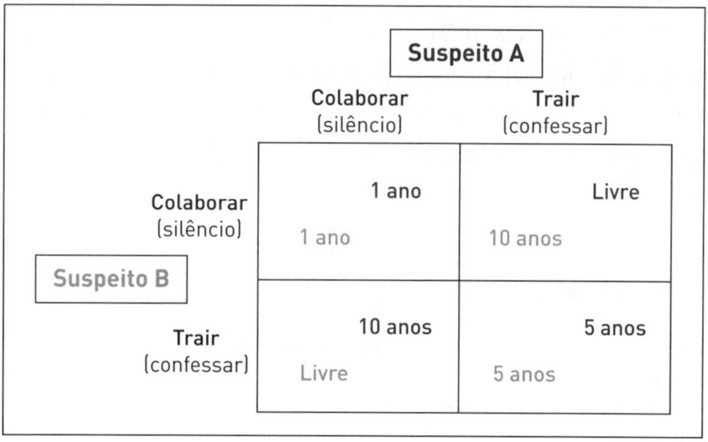

Como cada suspeito decidirá, sem conhecer qual será a decisão do outro? Eles estão incomunicáveis. A reação de cada suspeito não é conhecida por nenhum deles e ambos tomarão decisão simultaneamente. Como os suspeitos reagirão? Existe alguma decisão racional a tomar? Qual seria sua decisão? Sabe-se que cada suspeito, se for o caso de condenação, deseja ficar preso o menor tempo possível, ou seja, cada um deseja maximizar seu resultado individual (buscar o melhor resultado para si mesmo). Então, qual a melhor decisão a ser tomada? Existe uma única decisão racional: trair. Por quê?

Em qualquer uma das hipóteses, sendo suspeito A ou suspeito B, a escolha da alternativa *trair* para qualquer um deles seria a melhor decisão, pois ao "apostar" no silêncio do outro, o suspeito que traiu ficaria livre e o outro, que foi acusado e tinha ficado em silêncio, ficaria preso 10 anos, o que ambos evitarão. Ambos teriam igual raciocínio em trair o outro, pois ambos têm desejo de ser livres, mas se os dois pensarem assim, os dois suspeitos terão traído e, por conseguinte, receberiam uma penalidade de cinco anos cada. A atratividade de, individualmente, se verem livres, os faria decidir pela traição. Logo, trair é a melhor opção.

Esse é um exemplo do equilíbrio de Nash apresentado no famoso filme *Mentes brilhantes*. Pode-se depreender, a partir do dilema dos prisioneiros, que: (i) criar credibilidade é essencial para evitar a deserção; (ii) a cooperação traz cooperação e a deserção traz defecção; (iii) se o jogo for infinito (sem prazo para terminar, como contratos de longa duração), os indivíduos têm mais motivos para cooperar.

Nos casos de jogos que envolvam mais de duas pessoas (*n* indivíduos), em um contexto bastante amplo, as soluções tendem a ser soma zero ou baseadas no sistema de votação ou na construção de coalizões, e o poder derivará da possibilidade de "expulsar" o 51º voto em 100 (regra da maioria). A negociação salarial é um exemplo de que a solução afeta o salário de muitas pessoas (jogos de *n* indivíduos), simultaneamente, gerando impacto para as empresas em "efeito em cascata".

A assimetria de informações, representada pelo dilema dos prisioneiros, pode ser expressa pelo dilema do negociador.

> **Dilema do negociador**
>
> Para criar valor é necessário oferecer informações sobre seus interesses; porém, revelar seus interesses pode criar desvantagem.

O que significa o dilema do negociador?

O dilema do negociador tem por base uma assimetria de informações entre as partes que negociam. Ao iniciar uma negociação, têm-se algumas alternativas:

- *alternativa 1*: disponibilizar todas as informações para todas as partes (segredo 0/100%). Se adotada essa alternativa, a parte que ofereceu as informações ficará vulnerável, pois, de posse das informações, a outra parte poderá utilizá-las contra a parte que ofereceu as informações, o que criará uma desvantagem para ela;
- *alternativa 2*: não divulgar todas as informações durante a negociação (segredo 0/0%). Se adotada essa alternativa, uma das partes não permitirá que a outra parte conheça suas demandas, seus interesses e, assim, a negociação tornar-se-á mais difícil, pois ficará dificultada a possibilidade de trocas (barganhas), uma vez que as partes não dispõem de informações umas das outras;
- *alternativa 3*: disponibilizar estrategicamente as informações (segredo: ambas as partes liberam estrategicamente). Essa alternativa reflete o melhor posicionamento, qual seja, oferecer e disponibilizar as informações estrategicamente, na medida em que a(s) outra(s) parte(s) também oferece(m) suas informações. Gradativamente, as partes conquistam as informações umas das outras, o que contribui para que seja criado um nível de confiança e credibilidade entre as partes, favorecendo a barganha.

Disponibilizar estrategicamente as informações significa definir a prioridade da oferta dessas informações. Por exemplo, é possível ordenar, por prioridade (estratégica), as informações, definindo quais serão oferecidas em primeiro lugar (com prioridade zero), quais serão oferecidas em segundo lugar (com prioridade um), e assim sucessivamente, dependendo sempre da estratégia utilizada pela(s) outra(s) parte(s) na liberação de informação. Essa estratégia de liberação da informação não é formalmente anunciada, mas é percebida pelas partes, em uma construção silenciosa do entendimento.

Devemos ter a capacidade de ver o jogo pela perspectiva do outro, para entender os reais motivos, interesses e crenças envolvidos. A essa capacidade comum de perceber o sentimento dos outros, é o que denominamos *empatia*.

Empatia

Os fenômenos relacionados à empatia estão associados às habilidades cognitivas que facilitam a compreensão interpessoal e que motivam os seres humanos a agir de forma pró-social, principalmente quando se percebe o sofrimento ou a angústia de outra pessoa. Trata-se da preocupação e motivação do indivíduo em agir em prol de outro ser humano.

Assim, temos empatia quando demonstramos uma compreensão das necessidades, interesses e perspectivas do outro, sem necessariamente concordar com ele. A genuína empatia pressupõe a habilidade de diferenciar o eu do outro.

Negociadores irritados são menos precisos em defender seus próprios interesses e em julgar prioridades da outra parte, podendo, inclusive, prejudicar ou retaliar seus interlocutores. Os indivíduos que se deparam com interlocutores irritados estão mais predispostos a abandonar a negociação, a erigir barreiras no relacionamento, conduzindo o processo a uma situação de impasse.

Atuar com empatia evita a raiva, reduz a irritação. Significa observar uma ação e buscar a compreensão, colocando-se no lugar do outro. Ter empatia facilita o mapeamento das ações da outra parte, com base na predição da ação que poderá ser adotada pelo outro.

Prazer na desgraça alheia

Pesquisador defende que alegria pela ruína dos outros é motivada por comparação social.

Os alemães têm um termo excelente para o prazer perverso em acontecimentos como estes: *schadenfreude* (em tradução livre para o português, "a alegria do mal"). A satisfação derivada do infortúnio dos outros é o principal foco de estudo de Richard H. Smith, professor de psicologia da Universidade de Kentucky, nos Estados Unidos. Desde o ano 2000, o professor publicou cinco livros sobre o assunto, que falam sobre comparações sociais, inveja e a *schadenfreude* num contexto político e de identificação social.

A emoção pode parecer perversa, mas possui uma função adaptativa e foi tema do novo livro de Smith, *The joy of pain: Schadenfreude and the dark side of human nature* ("O prazer da dor: schadenfreude e o lado negro da natureza humana"). A narrativa tem como base as comparações sociais que nos permitem avaliar nossos talentos e determinar nossa posição na sociedade. Elas são tão instintivas que na vida selvagem também se manifestam. Estudos mostram que macacos e cães medem suas qualidades por seus pares.

Assim, quando nos deparamos com alguém que é mais amado ou apreciado do que nós, o nosso instinto é rebaixá-lo ao nosso nível. Se este desejo ilícito é cumprido por acaso, a *schadenfreude* aparece.

[...]

"Nós assistimos televisão para adquirir conhecimentos preciosos sobre a condição humana?", pergunta Smith. E ele mesmo responde: "Por favor, nós assistimos para ver aquelas cenas constrangedoras que nos fazem sentir um pouquinho melhor sobre nossas vidas insignificantes".

Esse é o combustível das revistas de fofoca. Em uma análise de 10 semanas da revista americana *The National Enquirer* Smith e Katie Boucher, psicóloga da Universidade de Indiana, também nos Estados Unidos, descobriram que a popularidade de uma celebridade era maior quando havia um artigo tratando de alguma desgraça em sua vida.

O prazer aumenta quando a *schadenfreude* parece merecida. Uma pesquisa feita por Benoît Monin, um psicólogo social de Stanford, mostra que a mera presença de um vegetariano pode fazer onívoros se sentirem moralmente inferiores. "Os vegetarianos não precisam dizer uma palavra, a sua própria existência, do ponto de vista de um comedor de carne, é uma irritante moral", afirma Smith. Desta maneira, descobrir hipocrisia na pessoa considerada de mente elevada faz com que o contentamento seja ainda maior.

Por definições tradicionais, *schadenfreude* é uma emoção passiva entre os espectadores que não desempenham funções nas desgraças alheias. Quando o sentimento inclui a vingança, o termo foge da sua especificidade. É a falta de participação por parte do testemunho que faz o reconhecimento da *schadenfreude* possível: seu alvo secreto caiu e você não teve nada a ver com isso.

A parte mais polêmica do livro é um capítulo destinado a analisar o que levou ao surgimento do nazismo na Alemanha. Segundo Smith, a *schadenfreude* foi um dos maiores motivadores para o antissemitismo, que teria surgido como uma tática para rebaixar o objeto de comparação e afirmar a superioridade ariana. No entanto, o Holocausto foge completamente da expressão, pois perde o caráter passivo.

Apesar da conotação negativa do termo, Smith afirma que *schadenfreude* "não precisa ser demonizada". Segundo o autor, é melhor abraçar a oportunidade de saciar nossos lados obscuros do que negar a sua existência. Enquanto permanece passivo, "a alegria do mal" pode melhorar a nossa autoestima e servir como um lembrete de que até mesmo as pessoas mais invejáveis são falíveis – assim como nós (Aschwanden, 2014).

2
Perfil dos negociadores

Há diferentes perfis de negociadores, e cada um desses perfis, na prática, impacta a forma de negociar. É importante que possamos identificar o perfil do indivíduo com quem negociamos, de forma que, ao negociar, nos comportemos com sabedoria, buscando maximizar os resultados, mapeando comportamentos e reações e minimizando atritos no relacionamento. Há que se reconhecer todas as diferenças e saber lidar com elas.

Duzert e Zerunyan (2016) definem cinco perfis de negociadores com base em diferentes graus entre a extrema propensão ao risco e a aversão total ao risco (figura 3). A cada um dos perfis podem ser associados alguns hormônios que explicam determinadas características do comportamento e as emoções que, por sua vez, impactarão o processo de negociação. São os seguintes perfis de negociadores e respectivos hormônios característicos: autoritário (testosterona), controlador (esteroides), facilitador (estrogênio), empreendedor (adrenalina) e visionário (serotonina).

Figura 3
Perfis de negociadores

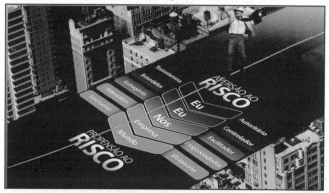

Fonte: Duzert e Zerunyan (2016).

Perfil autoritário

Autoritário é o perfil do indivíduo que é avesso ao risco, que não gosta de mudanças, não tolera novas ideias, aceitando apenas aquelas que sejam de sua autoria. Pode-se dizer que o negociador autoritário atua com base em jogos de guerra. Essas características independem do gênero (homens e mulheres). É um negociador de difícil trato porque está sempre disposto a utilizar quaisquer meios para atingir seus objetivos e, por ser extremamente posicional, prevalece em suas ações a abordagem ganha/perde.

Possui um comportamento agressivo, competitivo, frio, podendo ser, tipicamente, cínico e pessimista. O indivíduo autoritário centraliza as decisões, mesmo em questões familiares; sua visão é autocentrada e prevalece o EU, sendo ele o centro de seus negócios e de sua vida pessoal. É uma pessoa proativa, diz-se que com alto grau de testosterona, hormônio que caracteriza um comportamento agressivo, antissocial, persistente, de resistência, de "não largar o osso", e cujas decisões ignoram os ganhos mútuos, dando ênfase às barganhas posicionais (ganha/perde).

No dia a dia, é tipicamente aquele indivíduo que não dá voz ao outro, que paga todas as contas, que lida com bancos e se mostra pouco solidário, sendo extremamente vaidoso. Se for necessário, para atingir seus objetivos, é capaz de violar regras éticas e legais para se posicionar melhor do que os outros. Em geral, esse perfil se ajusta melhor em um sistema hierárquico de governança, quando o indivíduo possui poder para punir aqueles que discordam das suas posições e ideias e premiar aqueles que aceitam suas regras e imposições.

Para atrair e lidar com indivíduos com perfil autoritário, deve-se ser *light*, não confrontar, ser desapegado, simples e não comprometido. Os autoritários precisam ter a palavra final, e um negociador hábil deverá se posicionar de forma mais neutra, oferecendo ao autoritário a oportunidade para ele "massagear" seu próprio ego, destacar sua vaidade e adotar as ideias de terceiros como suas, o que demandará certa habilidade e desapego das ideias das partes. Não importa a paternidade das ideias, o que importa é que o autoritário se sinta o autor delas e com domínio da palavra final, sendo que, para as partes, o que importa é o acordo final e a execução das propostas.

PERFIL DOS NEGOCIADORES

> Nas escolas francesas conta-se uma passagem sobre Talleyrand (embaixador de Napoleão) e o imperador da Prússia Alexander III, que ocupou e controlou Paris como território. Para atingir os franceses, o imperador da Prússia, Alexander III, notificou Napoleão informando que iria destruir uma importante ponte de Paris sobre o rio Sena. O embaixador inglês, Eaton, tentou demover Alexander III dessa ideia, mas não teve sucesso. Assim, Talleyrand entrou em cena, sabendo que o imperador da Prússia, autoritário, não iria modificar sua posição. Talleyrand mudou o discurso, utilizando de criatividade e oferecendo uma oportunidade ao imperador. Talleyrand, em nome do povo francês, convidou sua majestade, o imperador da Prússia, para vir a Paris receber uma homenagem, batizando a maravilhosa ponte como "Ponte Alexander III". A partir desse dia, a ponte Alexander III manteve-se como uma joia da capital francesa.

O presidente norte-americano Donald Trump tem um perfil autoritário, conforme se pode observar em duas passagens de seu livro *América debilitada* (2016).

Ninguém está me pagando para eu dizer estas coisas. Eu pago do meu bolso e não estou contemplando lobistas ou quaisquer grupos de interesses especiais.
Não estou jogando segundo as regras usuais do *status quo*.
Não sou um político que consulta as pesquisas para ver no que devo "acreditar" ou o que devo dizer.
Estou falando como são as coisas e indo ao cerne do que penso que fará a América grande outra vez.
Não sou um diplomata que deseja contentar a todos, mas sim um empresário que aprendeu que, quando você acredita em algo, não para nunca, jamais desiste e, se é derrubado, se reergue imediatamente e continua lutando até vencer [Trump, 2016:19].

Comentando sobre retribuir um jantar na Casa Branca ao presidente chinês Xi Jinping, Trump declara:

Afirmei que preparar um jantar oficial em sua honra seria praticamente a última coisa que eu faria. Em vez disso, diria que estava na hora de tratarmos de negócios e iríamos trabalhar [Trump, 2016:55].

Pode-se observar em suas ações, seu jeito autoritário, competitivo, desejando ganhar do outro, o foco no elemento poder, a adoção da estratégia ganhar/perder e da ameaça/recompensa.

Perfil controlador

O controlador é um negociador que também é avesso ao risco e sua visão é centrada "nele mesmo", ou seja, no EU, focado nos seus negócios e de forma muito racional. Ele não deseja o mesmo poder que o autoritário, mas deseja ter o controle da situação; evita situações de insegurança, de dúvidas e, para minimizar esses sentimentos, precisa obter provas de amor, respeito e confiança. Como é um indivíduo temeroso, ele se baseia em normas, conformidade com as leis e *compliance*, como fonte de confiança, além de ter um olhar sobre a ciência, realidade e fatos, precisando também de provas; sua segurança advém dos dados, métricas, padrões objetivos claros e da rotina que lhe garante confiança. Estes elementos são tranquilizadores para ele e funcionam, reduzindo a alta dose de cortisol que possui; suas ações são aderentes à justiça social e à prevenção ao risco.

Os controladores temem a inovação, mas a preservam e são guardiães da racionalidade do grupo. Para se negociar com um controlador, deve-se ter os pés no chão, ser responsável e lógico, ter educação e maturidade. Para obter a confiança de um negociador com perfil controlador, tem-se de demonstrar consideração com suas raízes, tradições, amor em família e, principalmente, ser seguidor das leis. Ele busca referências no caráter e no trabalho ético; transparência e integridade, que precedem a confiança. Para se proteger, tende a ser agressivo no início das conversas e distante (pouco amigável) com as pessoas que conhece pouco. Os controladores são mais lentos nas análises e nas tomadas de decisão, como em um esforço para proteger sua reputação.

Para se negociar com os controladores é fundamental que o processo esteja lastreado em padrões, leis, tradição, tempo e contexto, devendo ser dado um passo de cada vez. Negociar com eles exige paciência, conhecer o momento certo e oportuno para a obtenção de um resultado ganha/ganha.

Os controladores são pessoas proativas que introduzem os efeitos dos esteroides e das estaminas em suas organizações. São abertos à instituição da dúvida em seus pensamentos, têm um olhar sobre o outro e buscam líderes em que se espelhar. Em um contexto de incerteza, tendem fazer um *benchmark* de outras pessoas e/ou outras empresas, porém são autores de suas decisões, incorporando informações do senso comum. Controladores são negociadores sem pressa, são gentis, meticulosos e realizam muitos cálculos baseados em dados e informações, buscando o melhor custo/benefício para sua organização.

PERFIL DOS NEGOCIADORES

Como exemplo, temos os indivíduos que precisam da opinião dos outros, ligados nas redes sociais e ansiosos para ver o *like* dos amigos em suas postagens no Facebook. Há uma demanda incessante pela opinião de outras pessoas, de jornalistas, de formadores de opinião para garantir a tomada de decisões. No livro *La petite metaphysique du Tsunam*, Jean Pierre Dupuy (2005) destaca: (i) a importância de se perceber o risco como forma para evitá-lo; e, (ii) que as pessoas mal-humoradas e meticulosas tendem a fazer um melhor julgamento sobre as coisas do que uma pessoa alegre e distraída.

Seguem exemplos de comportamentos de controladores que explicam o clima de incerteza, dúvidas e intranquilidade em que vivem: um fiscal ambiental que precisa de dados específicos (e neutros) de um perito para conferir o nível de poluição; um juiz que precisa de uma prova técnica para poder julgar; um contador do Tribunal de Contas que precisa conhecer o preço do mercado (como padrão) para verificar se o preço informado no processo não foi superfaturado; um estrangeiro que deseja alugar um apartamento em Copacabana e não conhece o valor do metro quadrado. O controlador é uma pessoa que precisa de elementos técnicos (neutros) que ofereçam confiança e serenidade; ele não gosta de achismos, não é romântico com os dados; não gosta de subjetividade, decide sobre racionalidade, de forma lenta e pouco emocionada.

> **Von Kuenheim (ex-CEO BMW)** é uma pessoa muito inteligente, mas passou parte de sua juventude deslocado, na área de controle soviético da antiga Alemanha dividida do pós-guerra. Essa realidade intensificou nele o senso de sobrevivência e o tornou uma pessoa profundamente desconfiada em relação ao que os outros falam ou fazem. Isso fez dele, também, alguém obcecado por controle e, portanto, com quem era difícil trabalhar. Mas ele foi um presidente brilhante. Ocupou o cargo na BMW por mais de 20 anos, o período mais longo de um CEO na história da indústria automobilística, e levou a produção da empresa de cerca de 200 mil unidades por ano para 2 milhões (entrevista de Bob Lutz ao jornalista Matthew Budman, publicada na *HSM Magazine* em 15 fev. 2016).
>
> **Harold Poling.** Ex-CEO da Ford Motor Company entre 1985 e 1987. Ganhou destaque na década de 1980 como o chefe de operações de áreas problemáticas da Ford, e mais tarde como presidente e diretor de operações da empresa, impondo disciplina financeira no início de seu mandato. Presidiu fechamentos de plantas e cortes de empregos. A ele também foi creditado o uso de técnicas de produção japonesas para reduzir os custos e melhoria da qualidade (Vlasic, 2012).

Perfil facilitador

O facilitador é um indivíduo humanista, com interesse em ajudar, reunir e interagir com pessoas, sendo um organizador nato. Ele confia nos indivíduos, aceita as diferenças, busca flexibilidade, harmonia, transparência e prefere a cooperação à competição.

É um indivíduo que gosta de conversar, de enfrentar desafios intelectuais, tem o prazer do debate e não se preocupa em rever seus pontos de vista. Não considera o desentendimento uma fonte de conflitos, mas sim uma oportunidade de revisar, atualizar e repensar novos pontos de vista. Diferente do autoritário autocentrado e do controlador inseguro, o facilitador é mais aberto.

Por força de seu trabalho (esse perfil adapta-se à tarefa de facilitar reuniões e debates), o facilitador é um líder de equipes, tem prazer em treinar pessoas, é otimista, aprecia a lealdade, as decisões democráticas, o compartilhamento de responsabilidades e garante a racionalidade coletiva; possui a qualidade de ser um bom ouvinte e de identificar os pontos fortes e fracos de sua equipe. Reconhece valor na integração, na gentileza e na diplomacia.

Os facilitadores não se preocupam em fazer julgamentos nem avaliações, como fazem os controladores. Eles não estão predispostos a culpar ou a punir, como fazem os autoritários, mas preferem pensar em termos de coevolução e na responsabilidade compartilhada. O dr. Arthur Levitt Jr., presidente da SEC no período de 1993 a 2001, em uma entrevista ao prof. Yann Duzert, declarou que, no século XXI, os CEOs deveriam ter um perfil de diplomatas e facilitadores, uma vez que reúnem, sob o mesmo guarda-chuva de colaboração, pessoas de diferentes áreas para governança. Continuando, dr. Levitt analisa que os líderes na década de 1980 eram, em sua maioria, da área financeira; que os da década de 1990 eram, preferencialmente, da área jurídica e, para os anos 2000, os líderes deveriam ser diplomatas corporativos.

O facilitador preocupa-se com o NÓS, que se sobrepõe à visão do EU como centro do mundo. Esse profissional articula as diferentes áreas da empresa, desenvolve o relacionamento entre os diversos setores – comercial, recursos humanos, jurídico, produção, entre outros – com o objetivo de promover a cooperação e harmonizar e sincronizar as ações das pessoas e dos departamentos, uma vez que todos possuem diferentes velocidades de ação, de raciocínio e de percepções de risco em um jogo ganha/ganha. O facilitador busca definir uma linguagem única, alinhada com os diferentes setores e atores. Ele tem tolerância, respeito, capacidade de ouvir e de conhecer; possui abertura para rever posições e perdoar; é empático, trabalha em equipe e é flexível, em busca de uma solução mais robusta para os desafios e conflitos.

O papel do facilitador permeia contexto local e a cultura. Sua proximidade com a comunidade e com seus pares faz dele o melhor agente de mudança e um melhor facilitador. Tem-se a seguinte lição: "Em Roma, faça como os romanos". No facilitador destacam-se os hormônios estrogênio e a oxitocina, que são hormônios da empatia, do amor, do serviço, da atenção e da doação. São pessoas que valorizam o lado afetivo e a conexão e conectividade, próprios de uma sociedade da transformação digital e da comunicação.

> **Exemplo**
>
> Suponhamos um comprador de um equipamento petrolífero de alto valor monetário, milhões de dólares. Essa compra envolve inúmeras áreas:
> - jurídica: o advogado, percebendo riscos, incluirá no contrato de compra do equipamento cláusulas de proteção quanto à qualidade, prazos de entrega, formas de pagamento etc.;
> - engenharia: os engenheiros, percebendo os riscos envolvidos, definirão e acompanharão a especificação do material a ser utilizado, os testes de garantia do equipamento, a instalação do equipamento para produção, entre outros;
> - financeira: a área financeira analisará o risco do fluxo de caixa e a viabilidade financeira do projeto.
>
> Não deve haver a dominância de uma área/departamento, não se deve nem excluir nem manter as informações "escondidas" (sob sigilo). Devem-se reunir esforços e buscar construir uma plataforma colaborativa de compartilhamento de experiências, em que o facilitador terá um papel fundamental no sucesso do empreendimento.

Listamos informações sobre líderes de organizações que melhor representam este perfil.

> **Jeff Immelt**, ex-CEO da na GE. Introduziu uma abertura amigável para acelerar as reuniões e aumentar a confiança entre as partes, denominando essa nova maneira de trabalhar *simplification*. A partir de 2016, os executivos eram orientados a preparar para as reuniões um resumo sobre sua participação, em uma única página, para que não houvesse perda de tempo e pudessem dedicar mais tempo às discussões que realmente importavam. A implantação desse processo reduziu o número de reuniões, extinguiu tarefas burocráticas e acelerou as entregas de novos produtos, em um desafio de "fazer um gigante centenário com 300 mil funcionários e faturamento de US$ 148 bilhões operar como uma *startup*" (adaptado de Scherer, 2016).

> **Cristiano Mantovani**, gerente de *facilities* da Pfizer, implantou o conceito de *alternative workplace solutions* (AWS), referência mundial, pautado na flexibilidade das estações de trabalho, criando ambientes compartilhados. Com essa iniciativa, a empresa conseguiu alocar 630 pessoas em um prédio que caberia apenas 550. Como benefício, a iniciativa reduziu o custo em 35% (entrevista do chefe de operações globais da Pfizer no Brasil, Cristiano Mantovani, publicada no blog HUMA, em 22 set. 2015).
>
> **Rick Wagoner**, ex-presidente da GM. Em entrevista à *HSM Magazine*, Bob Lutz falou sobre Rick Wagoner: "Sem sombra de dúvida, ele foi o melhor, o mais equilibrado, o mais 'fácil' dos presidentes com quem trabalhei. Nunca teve uma daquelas 'doenças de presidente': nunca se importou se o avião dele decolava antes ou depois dos outros; não ficava bolando esquemas para ganhar mais, ou ter mais ações da empresa, ou receber mais benefícios. Ele só dizia: 'Nós servimos aos acionistas e estamos sendo bem pagos para isso' [...]. Era um executivo que sempre buscava o consenso. Sabia o que queria e articulava na direção do que queria, mas, quando as resistências, previsíveis, apareciam, era excessivamente respeitoso com a opinião das outras pessoas. Nesse momento, dizia: 'Bem, eu ainda gostaria de fazer isso, mas, se todos vocês acham que não é o momento certo ou que não é o que devemos fazer, talvez não devamos fazer mesmo'. E, então, nada acontecia" (entrevista concedida por Bob Lutz ao jornalista Matthew Budman, publicada na *HSM Magazine* em 15 fev. 2016).

Perfil empreendedor

O empreendedor é um indivíduo que tem uma nova visão sobre o mundo como testemunha de sua evolução. Ele valoriza suas experiências, abre novas oportunidades, explora novos conhecimentos, estabelece metas e dá o primeiro passo rumo ao futuro. O empreendedor não fica confinado em seus talentos pessoal e intelectual para desenvolver suas atividades, mas busca mobilizar recursos externos, ampliando o conhecimento interdisciplinar e a experiência, para atingir seus objetivos. Os empreendedores veem a organização como um todo – NÓS –, desejando participação.

O empreendedor faz suas apostas, acredita no que os outros fazem e busca uma chance/oportunidade para se desenvolver. Ele seduz, tem charme e garante que outras pessoas olhem para ele; é pioneiro, animado, criativo e tem muitas ideias.

De acordo com Meredith, Nelson e Neck (1982), os empreendedores são indivíduos que têm a habilidade de enxergar e avaliar oportunidades de negócios, fornecer recursos necessários para estar em vantagem e iniciar as ações apropriadas para garantir o sucesso. São orientados para a ação, altamente motivados e assumem riscos para atingir seus objetivos.

O empreendedor tem propensão ao risco e prefere ganhar uma bolada. Ele quer ser o primeiro a fazer mais dinheiro, a criar mais oportunidades, a ter, a ensinar – quer ser o pioneiro, o líder e o criador. Como um investidor em empresas "ponto.com" ou negociador da bolsa de valores, o empreendedor é um otimista que subestima as chances de perda e aposta nas chances de grandes ganhos. Ele é guiado pela paixão, pelo sonho e pelo desafio de criar algo novo, enfim, tem "brilho nos olhos".

Ele é dinâmico, motivado e com entusiasmo contagiante; gosta de distinções, deseja quebrar regras, vive no "fio da navalha" e tem o espírito de um revolucionário. Pensa no médio e no longo prazos. Considera os retornos financeiros e o risco, mas não antes do encantamento pelos seus conceitos, desafios, perigos e paixão pela aventura. Os empreendedores estimulam o otimismo e a excitação necessária para promover mudanças; os facilitadores, em seguida, implementam essas mudanças entre as organizações comunitárias, cidadãos e *stakeholders*.

Para os empreendedores, o risco não é necessariamente visto como uma coisa negativa; pode ser visto como algo lucrativo e um apelo ao ganho, considerando a probabilidade de perda. São pessoas mais otimistas, prontas para errar e para arriscar. O inovador, em uma sociedade em que as margens caem, vai buscar ser o pioneiro, chegar antes dos outros.

O empreendedor tem um perfil de franqueza amistosa, possui o prazer do debate, da conversa exploratória, de onde surgirão os interesses e as opções como elementos. A adrenalina do pioneiro o motiva, energiza e dá forças para enfrentar a adversidade, o torna apaixonado pelo que faz e por surpreender. A adrenalina facilita a criação de laços, da intensidade, do poder da imaginação, do sonhar e de ter seguidores. Os empreendedores cativam os colaboradores, que passam a ser seus seguidores, acreditando no negócio, "vestindo a camisa" e trabalhando com entusiasmo, flexibilidade, liberdade e brilho nos olhos.

Alguns dos líderes de organizações que melhor representam este perfil estão listados aqui.

> **Richard Branson**, presidente do Grupo Virgin, pioneiro e com estilo de vida arriscado. Certa vez, empreendeu uma volta ao mundo em um balão, demonstrando assim seu impulso. Outra ideia foi promover turismo no espaço, usando como meio de transporte um foguete. Ele encoraja seus colaboradores com a seguinte declaração: "Eu acredito em você e vamos em frente!", indicando paixão, apostando no indivíduo que veste a camisa, tudo com muita adrenalina. Seu negócio é como uma religião: "Vamos fazer". Ele deseja o brilho nos olhos, o risco, ser o primeiro em ação. "Empreendedorismo é transformar o que te excita na vida em capital, para que você possa fazer mais do mesmo e seguir em frente com isso". (<www.businessinsider.com/quotes-from-richard-branson-2014-7?op=1>, 2014).
>
> **Ray Kroc**, empresário. Tinha paixão por inovação, eficiência e uma incansável busca por qualidade. Associou-se aos irmãos Dick e Mac McDonald, que tinham um negócio inovador, mas não estavam dispostos a expandir seu negócio. Ray Kroc comprou dos irmãos os direitos para que pudesse comercializar o método McDonald's, fundando em 1955 a McDonald's Corporation. Em 1958, a rede de restaurantes *fast food* já havia vendido 100 milhões de hambúrgueres. Dez anos depois, esse número já passava de 1 bilhão. Automação, padronização e disciplina dos processos foram os diferenciais introduzidos pelo empreendedor. Seu objetivo era construir um sistema de restaurantes que fosse famoso pela consistência na comida, alta qualidade e métodos uniformes de preparação. (<www.administradores.com.br/noticias/carreira/ray-kroc-o-homem-que-fez-do-mcdonalds-a-rede-de-franquias-mais--lucrativa-do-mundo/92809/>, 2017).
>
> **Romero Rodrigues**, empreendedor, fundador do Buscapé, com três outros sócios. Quando dizem que algo é impossível, ele vai atrás para provar o contrário. Empreendedor, nunca deixou de acreditar no modelo do Buscapé, cujo conceito era pegar os preços dos varejistas, disponibilizando-os ao consumidor, possibilitando a comparação dos preços encontrados. Quando começaram, a internet ainda não era tão popular, e os quatro sócios foram chamados de loucos. A companhia foi envolvida em uma das maiores transações de empresas digitais da história do Brasil. Em 2009, o conglomerado de mídia sul-africano Naspers Limites adquiriu 91% do empreendimento pelo valor de US$ 342 milhões, e Romero Rodrigues continuou como CEO do Buscapé até o ano de 2015. Ser empreendedor requer percepção, pesquisa, estudo, disposição, e exige que o indivíduo esteja aberto para errar. O *site* Buscapé revolucionou o mercado de varejo *online* e trouxe novas formas de uso da internet, além de abrir portas para que outros empreendedores se arriscassem no mercado. (<www.ibccoaching.com.br/portal/conheca-historia-de-romero-rodrigues-dono--do-imperio-de-sucesso-buscape/>, 2017).

Perfil visionário

O visionário é o indivíduo que deseja mudar o mundo, introduzir novos hábitos que modificam valores e novos padrões morais. Ao gerar tantas mudanças e modificar paradigmas, tornam-se "imortais" no sentido de que suas inovações, comportamentos e ações continuarão a existir, mesmo após a morte.

Os visionários fazem concessões, possuem responsabilidade social, tomam decisões de longo prazo, constroem capacidades, têm perspectivas e pensam "fora da caixa"; têm o prazer do *giving* (Clinton, 2017) – oferecendo seu tempo, seu conhecimento e suas oportunidades aos outros. Oferecer conhecimento não o faz perder poder ou força; pelo contrário, o faz ser respeitado, receber mais reconhecimento e conquistar mais relacionamentos.

Para o visionário, o poder é estratégico. São indivíduos pioneiros, campeões e possuem uma visão de mundo. Estão sempre buscando uma chance para apostar, daí sua propensão para arriscar, não tendo medo de ousar; desenvolvem novas regras, metarrotinas, coevoluindo.

O visionário pensa no tempo, no legado e na forma como poderá ser lembrado. É o símbolo da generosidade, integridade, justiça ou elegância moral. Em geral, ele está preparado para se sacrificar por uma boa causa, para as futuras gerações; pensa no longo prazo, na paz, no progresso e na prosperidade para sua comunidade. Pode ser também um extremista perigoso e um idealista, para o bem ou para o mal, para quem os fins justificam os meios.

Não está interessado no relacionamento de curto prazo, não busca uma satisfação imediata; trabalha com os desafios da sociedade, busca resolver problemas, não teme a adversidade.

O visionário é mais propenso ao risco do que o empreendedor; é mais disposto a tomar drásticas medidas para o bem de todos; e é filantropo. Está preparado para dizer "não" baseado em princípios, se os princípios servirem à sua causa.

O prof. Yann Duzert, nos últimos 10 anos, realizou uma pesquisa com seus alunos em diversos países, de diversos continentes, cuja pergunta era: "Se um extraterrestre viesse à terra e os consultasse, quais seriam, na sua opinião, os cinco embaixadores da humanidade? Quais nomes você sugeriria?".

Independentemente da cultura e do lugar, as respostas mais frequentes foram: Jesus Cristo, Nelson Mandela, Martin Luther King, Mahatma Gandhi e madre Teresa de Calcutá.

O que há de comum dentre essas personalidades citadas é o sacrifício que fizeram para mudar o mundo para melhor. Podemos, assim, inferir que os indivíduos admiram os visionários, aqueles que "pensam diferente". Além das personalidades relacionadas, houve, de forma mais dispersa, porém em número significativo, a citação de desportistas, além de Steve Jobs e Bill Gates.

Mandela, por exemplo, por meio de sua liderança esclarecida, criou um pouco mais de confiança e de interdependência saudáveis entre negros e brancos e, ao fazer isso, tornou seu país mais resiliente (Friedman, 2016).

> Thomas Friedman, em seu livro *Obrigado pelo atraso*, apresenta uma definição de liderança cunhada pelo prof. Ronald Heifetz da Universidade de Harvard, que define o papel do líder como aquele que "ajuda as pessoas a encarar a realidade e as mobiliza para promoverem mudanças".
>
> Prossegue Friedman, indicando a cena do filme *Invictus* para mostrar o poder de que o líder visionário dispõe para ajudar a sociedade a encontrar um caminho para avançar em meio a momentos cruciais que exigem capacidade de adaptação.
>
> A cena se passa quando, em seu primeiro mandato como presidente da África do Sul, em 1995, depois de 27 anos preso, Mandela recruta o time de *rugby* Springboks para a missão de ganhar a Copa do Mundo de Rugby de 1995 e para curar as feridas de um país dilacerado pelo *apartheid*. Integrado quase que totalmente por jogadores brancos, o Springboks era um símbolo da dominação branca e os negros torciam contra, sempre. Quando o novo Comitê de Esportes, liderado por negros, quis trocar as cores e o nome do time, Mandela intercedeu em favor do time, defendendo a manutenção de seus símbolos e explicou que fazia parte da decisão de fazer com que os brancos se sentissem à vontade em uma África do Sul governada pelos negros. Disse Mandela: "Isso é um pensamento egoísta. Isso não atende aos interesses da nação". Referindo-se aos brancos, Mandela acrescentou: "Temos que surpreendê-los com compaixão, comedimento e generosidade".
>
> Finaliza Friedman: "Não há melhor maneira de mudar uma cultura do que contar com um líder disposto a surpreender partidários e adversários se colocando acima da sua história, de seus eleitores e de seus especialistas, em pesquisas de opinião e, simplesmente, fazendo as coisas certas para o seu país" (Friedman, 2016:363-364).

A visão de Steve Jobs tornou-se sinônimo de cultura para todos; sua ideia era de que todos deveriam ter um computador pessoal. Já Bill Gates colocava foco no desenvolvimento da indústria de *software*. Ambos viveram em uma mesma época e somaram esforços em um jogo ganha/ganha, desenvolvendo computadores pessoais e *softwares* para consumo de massa.

Como disse Steve Jobs em seu famoso discurso como patrono em uma colação de grau na Universidade de Stanford, em 12 de junho de 2005 <www.youtube.com/watch?v=DcqwkdTvTzs>:

> Você deve acreditar que os pontos o conectam com o futuro, pois ligar os pontos somente é possível olhando para o passado. Você deve acreditar em algo [...] Acreditar que os pontos se ligarão estrada afora o que dará confiança para você

seguir para longe do caminho esperado e isso fará toda a diferença. [...] Tenha a coragem de seguir seu coração e sua intuição, pois de alguma forma, eles já sabem o que você deseja se tornar.

Os visionários introduzem novos comportamentos, novos hábitos. Simon Sinek (2009) indica que devemos sempre começar uma negociação com um "por que razão", que representa um propósito, um sonho, um estilo de vida, um humor e uma sensação. Por exemplo, quando se compra uma motocicleta Harley Davidson, não há uma preocupação com o preço da moto, mas busca-se um estilo de vida que está associado a ela; ao que a Harley Davidson representa no inconsciente coletivo: a "liberdade", o "*easy rider*", enfim, é uma marca poderosa.

A Apple também "explora" sua marca com mensagens de sonho, contexto, longo prazo, proposta, cultura, um novo jeito de ser. Steve Jobs provocou a disruptura do mercado de música com o *iPod* e o *iTunes* em 2001; o *iPhone* em 2007; e a App Store em 2008. Cada indivíduo desejava esses produtos, pois representavam *status*, um novo jeito de ser enfim, integrando-os a uma "comunidade *cool*".

> **Jeito de ser**
>
> A adesão a uma ideia, a uma causa, a um porquê. Por exemplo, a adesão dos indivíduos aos produtos Apple (*iPod, iPad, iTunes, iCloud* etc.) é lastreada pela ideia de que portar esses equipamentos e fazer uso dessa tecnologia representam um jeito "*cool* e *clean*" de ser.
>
> Este é o sentido dessa "comunidade Apple": justificar a razão de estarmos neste lugar, lutando por esses interesses, todos juntos. Se nos posicionarmos em uma negociação com um perfil de ter um propósito bem definido, sendo capazes de inspirar pessoas e organizações a agir, poderemos definir o desafio conjuntamente, na busca de uma solução conjunta.

As perguntas "como?" e "o quê?" constituem as partes lógicas da negociação. A pergunta "por que razão?" já é muito mais subjetiva.

Destaca-se, nesse perfil, o hormônio serotonina, que oferece um senso de realização, uma sensação de felicidade como aquela de quando se recebe um prêmio, os sentimentos de prazer e de otimismo.

Um visionário da tecnologia, Bill Gates sempre pensou à frente. Segundo ele, a magia dos computadores nada tinha a ver com *hardware*, mas com códigos de *software*. A ideia dele com seu amigo Paul Allen foi criar *softwares* para computadores pessoais. Segundo Isaacson (2014:481):

Mais que isso, estavam dispostos a alterar o equilíbrio de forças na indústria emergente, para que o hardware se tornasse mercadoria intercambiável, enquanto aqueles que criavam os sistemas operacionais e os aplicativos ficassem com a maior parte dos lucros.

Segundo Bill Gates, em entrevista a Isaacson (2014), refletindo sobre suas inovações, "foi a ideia mais importante que já tive". Gates já previa a invenção dos *smartphones*, como também o poder da rede como instrumento de engajamento social. Hoje estamos na era da colaboração e do uso da rede como poderosos instrumentos de engajamento a causas, movimentos, manifestações e marcas.

> **Entrevista com Steve Jobs e Bill Gates**
>
> Qual foi a contribuição que cada um de vocês deu para a indústria do computador e da tecnologia? Bill Gates responde sobre Steve Jobs e vice-versa.
>
> *Steve Jobs*: Bill estava focado sobre a importância do *software* antes que quase todo mundo desconfiasse que, o que era realmente importante, era o *software*.
>
> *Bill Gates*: Jobs fez com que em 1977 a Apple II fosse uma máquina destinada ao consumo de massa. Só a Apple apostava nisso. [...] a Apple correu atrás do sonho de que este seria um fenômeno de possibilidades incríveis. [...] Steve criou uma empresa que estava à frente de seu tempo. [...] Steve voltou à Apple e incentivou inovações e assumiu riscos que foram fenomenais. [...] A maneira como ele faz as coisas é mágica.
>
> Programa *Globo News Documento* (2011).

Outro líder de organização que representa esse perfil é Lee Iacocca.

> **Lee Iacocca** nunca seria presidente executivo da Ford. Henry Ford II certa vez sentou-se com ele e disse: "Veja, Lee, eu simplesmente não gosto de você e não o vejo liderando a empresa".
>
> Se Iacocca não tivesse deixado a Ford, nunca teria chegado à presidência de uma organização. Ele alcançou o topo na Chrysler porque a empresa estava em uma situação parecida com a da Apple quando chamou Steve Jobs de volta. Eles precisavam de alguém agressivo, que poderia fazer as coisas acontecerem, não importava sua personalidade (entrevista concedida por Bob Lutz ao jornalista Matthew Budman, publicada na *HSM Magazine* em 15 fev. 2016).

Outros líderes que se destacam como inovadores/visionários do nosso século: Steve Jobs, Jeff Bezos, Mark Zuckerberg, Jeff Immelt, Elon Musk, Mark Benioff, Larry Ellison. No século passado, tivemos ícones como: Walt Disney, Edward Land na Polaroid, Henry Ford, Lee Iacocca na Chrysler, Jack Welch na GE e Alfred Sloan na GM.

3
Razão e emoção

Escalada simétrica irracional (ESI)

A escalada simétrica irracional (ESI) tem uma forte relação com o poder. O melhor exemplo para a ESI é o que ocorre em um leilão.

Em um leilão, o leiloeiro oferece aos participantes/interessados, um bem por um determinado valor inicial (valor de abertura do leilão). Os interessados pelo bem iniciam suas ofertas. No início do leilão, em geral, há uma grande competição entre os vários interessados e, à medida que o valor das ofertas vai aumentando, o número de participantes interessados vai diminuindo, devido aos valores dos lances, cada vez mais altos, restando, ao final, apenas uns dois ou três interessados no bem e dispostos a pagar valores mais altos. A partir desse momento, a competição se acirra entre os dois últimos participantes. Na maioria das vezes, a competição extrapola o racional, passando a ser uma competição de poder. Quem pagará mais pelo bem? Muitas vezes, os valores ofertados nos lances são tão altos que "descolam" do valor real do bem. A competição entre estes dois interessados reflete a demonstração de poder financeiro, representado pelo poder de compra de um bem, por um valor muito alto, em um processo de competição "irracional", movido apenas por emoção, poder e *status*.

Tem-se, então, que o ganho potencial, acoplado à possibilidade de vencer e, principalmente vencer o outro, é razão suficiente para que os interessados se mantenham no leilão. Os competidores só abandonarão o leilão quando tiverem a crença de que o resultado poderá ser catastrófico (se é que conseguirão perceber isso).

Em negociação, os tomadores de decisão devem aprender a identificar armadilhas, que são mobilizações emocionais que os envolvam em escaladas de competição de poder; devem também desenvolver estratégias que desencorajem um comportamento de escalada por parte de seus competidores.

Nos exemplos a seguir, verifica-se que exigências extremas das partes as conduzem à escalada simétrica irracional.

Exemplo 1: Na indústria
O exemplo da ESI na indústria é o *dumping*, quando uma empresa resolve oferecer produtos a preços abaixo dos preços de mercado, inclusive com preços abaixo do seu custo, optando por trabalhar com prejuízo, somente para ganhar *market share*, ou competir "deslealmente" com empresas concorrentes. A Lei Antidumping evita a escalação irracional.

Exemplo 2: Batalha pela pensão dos filhos em uma separação
Em cada uma das situações apresentadas, as partes fazem exigências extremas. No caso da batalha pela pensão dos filhos, se perguntado aos pais, eles declaram que jamais desejariam prejudicar seus filhos e que os amam muito. Então, por que essa briga? Na verdade, a briga está associada à discórdia pessoal entre os pais, tendo mais a ver com "dor de cotovelo" do que com a intenção de gerar prejuízos aos filhos. Esta disputa torna-se, assim, irracional.

Exemplo 3: Greves
As greves podem paralisar a produção trazendo sérios prejuízos à empresa, inclusive comprometendo maquinário (usinas). Trabalhadores fazem piquetes na porta das fábricas para impedir o acesso dos colegas às instalações. Nas atividades essenciais, como segurança, hospitais e transporte, a greve tem regulação específica.

Exemplo 4: Mercado de ações (Finanças comportamentais..., 2015)
O mercado de ações tem comportamento próprio, semelhante ao das pessoas: oscila entre a depressão e a euforia, tem humor próprio, dependendo do dia, suas reações são diferentes, funcionando como se reagissem com uma psicologia própria.

Como se explica quando o mercado se movimenta em alta ou em baixa, e os investidores se comportam como "efeito manada", ou seja, seguindo uns aos outros, como se não soubessem para onde, nem por qual razão estão agindo daquela forma. O "efeito manada" nos mercados, que é traduzido por "se alguns estão indo, vou atrás", ocorre quando os investidores supõem que lhes faltam algumas informações que outras pessoas podem possuir, e assim, irracionalmente, seguem o impulso de se comportar como a maioria, sem pensar, ou seja, por reflexo.

No caso do mercado acionário, estudos em finanças comportamentais mostram que investidores tendem a valorizar opiniões elaboradas a partir de pequenas amostras de dados, ou mesmo fontes individuais. Estudos indicam: que os investidores tendem a atribuir habilidade ou talento, ao invés de sorte, a um analista que escolheu uma ação lucrativa; que as crenças dos investidores não são facilmente abaladas; e, que os investidores possuem um excesso de confiança em seus julgamentos e tendem a discutir um único detalhe, ao invés do que é mais óbvio.

Assim, as decisões irracionais refletem uma confiança em vieses intuitivos que desprezam as possíveis consequências. Quanto mais importante a negociação, mais o negociador pode tornar-se irracional. Quanto mais irracional for a atitude, maior a quantidade de emoções envolvidas, maiores os bloqueios físicos e emocionais para ouvir e compreender qualquer argumentação ou ponderação, e mais difícil persuadi-lo. Na irracionalidade, a emoção toma conta do indivíduo e as palavras tornam-se inúteis.

Richard Thaler, economista, ganhador do prêmio Nobel de Economia em 2017

O campo de estudo do prof. Thaler é o de finanças comportamentais, que busca combinar a teoria psicológica comportamental e cognitiva com finanças e economia convencionais, para explicar as razões pelas quais as pessoas tomam decisões irracionais.

Prof. Thaler tornou-se um especialista em analisar criticamente a teoria econômica tradicional, em que o *homo economicus*, idealizado por essa economia, toma decisões baseado na razão. Ele buscou substituí-lo pelo *homo sapiens*, que é real, sujeito a emoções e escolhas irracionais. Em suma, os trabalhos do prof. Thaler buscam analisar o homem como ele realmente é, e não como ele deveria ser.

Exemplo (adaptado de Bolle, 2017):

Por que o não cumprimento de metas de um governante é melhor ou pior do que o cumprimento de metas de seu sucessor? Por que um programa de um governante é melhor ou pior do que o mesmo programa de outro governante?

"As respostas dependem de um juízo de valor, de alianças ou aversões políticas que transcendem os números, os fatos, somos irracionais de modo previsível. Nossa anormalidade segue, quase sempre, em linha reta. Somos humanos e previsíveis quando conhecidas nossas paixões e fidelidades. A matemática e a estatística são condições necessárias, mas não suficientes."

Emoções

Negociadores, tipicamente, focam em estratégia, táticas, ofertas e contraofertas, e não dão atenção suficiente às emoções que os afetam em uma negociação (Brooks, 2015).

Pesquisas mostram que podemos controlar nossa ansiedade, raiva, excitação, desapontamento e arrependimento no decorrer de um processo de negociação, o que poderá trazer melhores resultados. Por outro lado, há uma preocupação de que as emoções não podem ser demonstradas ou ficar expostas, pois poderão ser interpretadas como sinais de fraqueza e fragilizar o poder de barganha. As emoções têm o poder de influenciar o processo e o resultado da negociação. As emoções são obstáculos ao raciocínio claro e racional, mas fazem parte da negociação.

O prof. Daniel Goleman, em seu livro *Inteligência emocional* (2005), pesquisou cerca de 180 modelos de competência em 121 organizações, nas quais identificou que 67% das habilidades consideradas essenciais para um desempenho eficaz estavam ligadas às competências emocionais.

São qualidades que caracterizam a inteligência emocional: consciência de nossas emoções e de como elas afetam os outros, capacidade de regular nosso ânimo e nosso comportamento, empatia, motivação para atingir metas pessoais significativas e fortes habilidades sociais, que nos ajudam a obter o que desejamos dos outros, e capacidade de encontrar interesses comuns.

Na experiência humana é comum utilizarmos o termo emoção para descrever um estado de sentimentos, mas a emoção é muito mais complexa. A comunicação emocional pode beirar o conflito em situações extremamente sensíveis.

A comunicação pode ser realizada por meio de linguagem oral e corporal (não verbal). A linguagem não verbal, utilizada em cerca de 70% de nossas comunicações, pode ser percebida pela entonação e intensidade da voz, expressão facial, gestos e posturas. Os músculos da face se contraem de diferentes formas, representando diferentes emoções: felicidade, medo, nojo, tristeza, surpresa, desprezo e zanga. O prof. Paul Ekman, da UCLA, vem pesquisando sobre esse assunto, tendo sido, inclusive, consultor da série *Lie to me* e autor do livro *A linguagem das emoções* (2011).

Figura 4
Expressões faciais frente às emoções

 Medo Sobrancelhas sobem. Aparece o branco do olho. Lábios crescem no sentido das orelhas.	 Surpresa Boca aberta. Maxilar tomba. Pálpebras superiores mais erguidas.
 Nojo Enruga o nariz. Lábio superior se eleva.	 Raiva Lábios apertados. Sobrancelhas abaixadas e unidas.
 Desprezo Canto da boca enrijecido e pouco erguido.	 Tristeza Olhar direcionado para baixo. Canto interno das sobrancelhas sobem. Cantos da boca abaixam.

O quadro 3 apresenta algumas reações que deixam transparecer nossas emoções e respectivas reações corporais.

Quadro 3
Reações e sinais corporais

Reações	Sinais	
Apreensão e nervoso	• limpar a garganta • barulho de moedas no bolso	• ficar se mexendo • transpirar
Implicar ou criar suspeição	• mexer nas unhas • mexer nas orelhas • impaciência	• morder os lábios • olhar para longe
Autoritarismo	• colocar as mãos para trás	• apoiá-las na lapela

Quais são as emoções? A seguir, distinguiremos algumas emoções, positivas e negativas.

Quadro 4
Emoções positivas e negativas

Emoções positivas	Emoções negativas	Emoção neutra
Felicidade Amor Orgulho	Raiva e medo Ansiedade e vergonha Tristeza e depressão Desgosto, desprezo e inveja.	Surpresa

Em nosso dia a dia, buscamos maximizar a experiência das emoções positivas e minimizar a experiência com as emoções negativas.

O prof. Robert Plutchik (1927-2006), psicólogo norte-americano, desenvolveu a teoria psicoevolucionária da emoção, criando a "roda das emoções", identificando oito emoções primárias: raiva, medo, tristeza, nojo, surpresa, curiosidade, aceitação e alegria. Destas, derivam diversas outras emoções secundárias, com variadas intensidades, como pode se observar na figura 5.

Figura 5
A roda das emoções de Plutchik

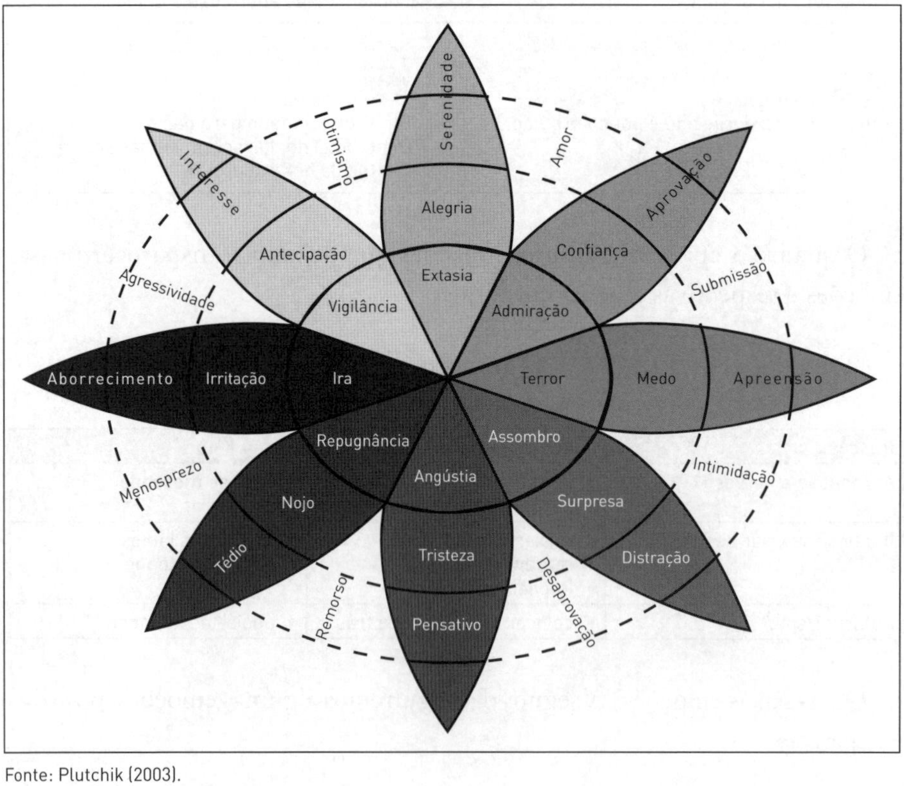

Fonte: Plutchik (2003).

Para uma compreensão melhor, estão relacionadas algumas emoções associadas às situações sentidas. É interessante notar que alguns sentimentos estão associados ao passado; outros, ao futuro (ao porvir).

- *felicidade*: algo de bom aconteceu, pede comemoração;
- *tristeza*: algo de ruim aconteceu, pede lamentação;

- *medo*: algo de ruim poderá acontecer, pede preparação para enfrentar e proteção contra esse medo;
- *entusiasmo*: algo de bom poderá acontecer, pede esforço para se atingir o que se deseja;
- *gratidão*: quando acreditamos que alguém deixou de cuidar de seus próprios interesses para fazer algo de bom para nós, pede agradecimento;
- *raiva*: quando acreditamos que alguém nos tenha prejudicado de forma inapropriada, pede reclamação. Exige um esforço para restabelecer limites que foram violados;
- *culpa*: quando acreditamos que fizemos algo inconsistente com os nossos valores. É representada pela raiva dirigida a si próprio. Exige um pedido de desculpas e um esforço para corrigir.

É importante que se possa fazer uma leitura sobre o estado emocional e circunstancial dos indivíduos que estão na mesa de negociações, mesmo que os conheçamos bem. Como será que estão se sentindo? O que estão pensando? Como estão vendo as coisas no momento da discussão?

Para reconhecer que estamos em conflito é necessário reconhecer que fomos mobilizados emocionalmente. A intensidade das emoções varia ao longo do processo. Por exemplo, pesquisas do prof. Allred Keith (2016) da Faculdade John Kennedy de Administração Pública de Harvard, indicam que a raiva: influencia a percepção de risco e a preferência das pessoas; nos conduz a comportamentos de risco, à competição, na maioria das vezes predatória; reduz ganhos agregados; diminui a colaboração; intensifica o comportamento competitivo; e aumenta a taxa de rejeição das propostas. A irritação demonstrada pelo outro frequentemente nos ameaça, pois tendemos a achar que o outro é mais poderoso e forte do que nós.

A irritação e a raiva prejudicam o processo de negociação, exacerbando o conflito, enviesando as percepções e aumentando a predisposição para o impasse. Os negociadores irritados e raivosos são menos precisos do que os neutros, podendo prejudicar ou retaliar as outras partes.

Devemos estar atentos a algumas habilidades básicas associadas às emoções:

- ter consciência do momento em que estamos ficando emocionados, antes de falar ou agir;
- avaliar nosso comportamento quando nos emocionamos, ao atingir nossos objetivos sem prejudicar outras pessoas;

- tornar-se mais sensível em relação à maneira como os outros estão se sentindo;
- usar cuidadosamente as informações que adquirimos a respeito do sentimento dos outros;
- ter consciência de que cada emoção gera um padrão único de sensações em nosso corpo, principalmente na fisionomia e na voz.

Reação-padrão das emoções à mudança

Quando somos afetados emocionalmente, apresentamos diferentes reações, dependendo do nosso momento, do tipo de emoção, da nossa sensibilidade, entre outros fatores. Por outro lado, face a um anúncio de alguma notícia que nos atinja emocionalmente, positiva ou negativamente, tendemos a apresentar um comportamento emocional que se assemelha ao que é apresentado na figura 6. Nesse momento, cada um de nós vive um "tobogã" de emoções. Tomemos como exemplo a notícia de nossa demissão do trabalho (anúncio de mudança).

Figura 6
"Tobogã" de emoções

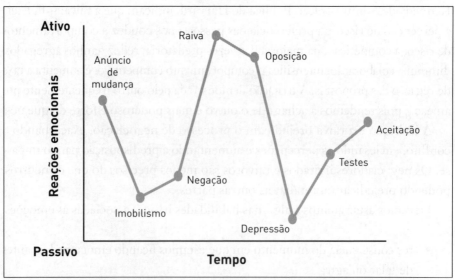

A partir da notícia da nossa demissão, que nos causa grande impacto e que representa uma significativa mudança em nossa vida, imediatamente reagimos emocionalmente. Inicialmente, ficamos imobilizados com a notícia, ficamos sem palavras; em seguida, tendemos a negar o ocorrido: "Não acredito! Não é possível! Por quê? Logo eu?...". Passada essa indignação e questionamentos, ficamos com raiva: "Foi injusto! Eu sempre me dediquei! Eles não reconheceram o meu esforço!...". Na emoção de oposição, depois da raiva, desejamos não colaborar com ninguém, buscamos dificultar tudo o que pudermos e, em seguida, caímos em depressão. Nesse momento, passamos a refletir: "É verdade! O que vou fazer agora? Como vou me virar? O que vou dizer para minha família?..."; na próxima etapa "checamos" o que ocorreu, tiramos dúvidas e, já com a emoção reduzida, passamos a pensar mais racionalmente, até o momento em que percebemos que não há volta, e que "só nos resta então aceitar e pensar: vida que segue".

Assim, pode-se observar que os conflitos são emocionalmente definidos e a intensidade das emoções variam ao longo do processo. Ameaças à identidade produzem emoções (por exemplo: vergonha, orgulho, culpa, raiva) fortemente associadas à escalada do conflito.

Acontecimentos que provocam emoções são os mesmos que desencadeiam e definem o conflito. Para reconhecer que estamos em conflito, é necessário reconhecer que fomos mobilizados emocionalmente. Emoção e conflito resultam da percepção de que algo importante e pessoal está em jogo.

Razão

Prof. Daniel Kahneman, prêmio Nobel de Economia em 2002, em seu livro *Rápido e devagar* (2012), apresentou estudos que indicam que as pessoas tomam decisões baseadas em questões objetivas e são igualmente influenciadas por suas emoções, crenças e intuições. Ele distinguiu dois sistemas que norteiam o nosso comportamento na tomada de decisão: sistema 1 e sistema 2.

Sistema 1 – intuição

Quando acionado o *sistema 1*, as decisões são tomadas rapidamente, as ações são mais automáticas, intuitivas e sem esforço, mais difíceis de controlar, de modificar, e são baseadas em nossa memória associativa (sistema rápido). A maioria das escolhas e dos julgamentos é feita intuitivamente. Temos como exemplos: jogar futebol, fazer previsões ou tirar conclusões exageradas sem ter evidências suficientes para isso, dirigir um carro quando não ficamos, a cada minuto, raciocinando em como devemos dirigir, nem se há tempo para atravessar a rua. No sistema 1, tendemos a superestimar nossa compreensão do mundo e subestimar o papel do acaso.

Sistema 2 – razão

O *sistema 2* é responsável pela reflexão, racionalização e solução de problemas complexos. É mais lento, serial, deliberadamente controlado, regulamentado e acionado quando nos encontramos em uma situação que exige concentração (sistema devagar). Quanto mais informações o indivíduo possuir, mais habilitado estará para tomar decisão. As informações e fatos ajudam a criar alternativas, argumentos e estratégias para "convencer" a outra parte (Kahneman, 2012). A dúvida, representada por se ter a consciência de existirem pensamentos diferentes sobre uma mesma coisa, é um fenômeno próprio do sistema 2.

Figura 7
Características dos sistemas 1 e 2

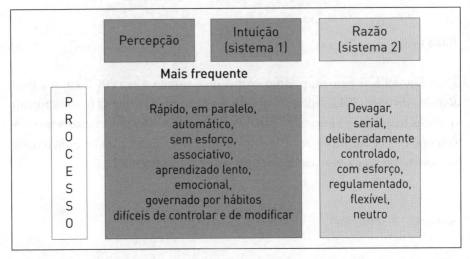

As regras que regem a intuição são similares às que regem a percepção.

Racionalidade limitada

A racionalidade limitada é um modelo comportamental proposto por Herbert Simon (1984) para analisar o processo de tomada de decisão que, segundo o autor, está limitado a três dimensões: a informação disponível, a limitação cognitiva da mente individual e o tempo disponível para tomada de decisão. Assim, as pessoas criam modelos simplificados para a resolução de problemas, de acordo com seu próprio *modus operandi*. Premissas já definidas, como o "pensar dentro da caixa", constituem barreiras mais críticas às decisões criativas. Os indivíduos fazem premissas falsas sobre problemas, de forma que possam encaixar os problemas em seus processos de decisão previamente estabelecidos.

As decisões de cada indivíduo exercem impactos sobre os outros. Cada indivíduo deve considerar as respostas prováveis dos outros às suas próprias decisões.

Os indivíduos cometem erros, muitas vezes erros sistemáticos e previsíveis, e desenvolvem regras práticas ou heurísticas que são "atalhos" mentais ou vieses cognitivos para reduzir a exigência de processamento de informações para a tomada de decisões.

A tomada de decisão é influenciada por alguns fatores cognitivos, entre os quais: a facilidade de lembrar os eventos que são disponibilizados maciçamente pela mídia; a recuperabilidade de informações a partir de estruturas de memória (por exemplo, procurar postos de gasolina mais próximos a entroncamentos de ruas); as associações pressupostas que fazemos (por exemplo, associando dois eventos semelhantes e esperando que as condições do evento já ocorrido sejam reproduzidas em outro evento semelhante no futuro); e tendência de procurar, interpretar, focar e lembrar a informação de forma que confirme nossos preconceitos (por exemplo, "na última vez que comi manga junto com leite passei mal. Será que agora, se eu comer manga com leite novamente, também passarei mal?" ou "na última vez que fiz prova com esta camisa tirei nota boa. A partir de agora só farei prova com esta camisa") (Bazerman, 2004); tendência a confiar demais, ou "ancorar-se", em uma referência do passado ou em uma parte da informação na hora de tomar decisões, entre outros.

Pode-se depreender que a racionalidade limitada leva à adoção de premissas que dificultam alcançar um resultado ótimo e conduzem à tomada de decisão com base na intuição. A tomada de decisão com base na intuição conduz ao desenvolvimento de regras práticas, heurísticas, que otimizam etapas do processo de decisão.

Heurísticas

São regras simplificadoras ou regras práticas que facilitam a tomada de decisão, porém podem conduzir a erros sistemáticos que afetam a qualidade e a ética das decisões. As heurísticas respondem a algumas perguntas, tais como: Somos tendenciosos na tomada de decisão? Podemos ser inconscientemente manipulados por terceiros? O que poderá influenciar a tomada de decisão?

Podemos relacionar três heurísticas que impactam diretamente a tomada de decisão e o comportamento das partes em um processo de negociação. São elas: heurística da disponibilidade, heurística da representatividade e heurística da ancoragem.

Heurística da disponibilidade

Essa heurística leva o indivíduo a avaliar um determinado assunto em função da disponibilidade desse assunto em sua memória. Os assuntos mais frequentes e mais recentes são lembrados de forma mais representativa e imediata.

Os temas que evocam emoções ou que são fáceis de imaginar, ou que se destacam por sua especificidade estarão mais disponíveis na nossa memória e serão lembrados com mais facilidade.

Temas não emocionais são mais difíceis de ficar registrados em nossa memória, são mais difíceis de imaginar e são mais dispersos.

De acordo com a heurística da disponibilidade, o tomador de decisão analisará e decidirá, com base na similaridade do caso com as situações vividas por ele e com base na disponibilidade da situação em sua memória recente.

Exemplo 1: Imagine que você fosse da Secretaria Estadual de Saúde e tivesse de decidir sobre a alocação do orçamento para sua área em função das causas mortis mais comuns. Sem consultar dados estatísticos, quais doenças você privilegiaria com investimentos? (Colocar em ordem da maior para a menor causa mortis na sua suposição).

1. *doenças cerebrovasculares;*
2. *homicídios por armas de fogo;*
3. *infarto agudo do miocárdio;*
4. *acidentes de transporte terrestres;*
5. *pneumonia;*
6. *diabetes.*

Resposta do exemplo 1: Uma escolha poderia recair sobre pneumonia, pois há muita publicidade e vacinação em massa para evitar gripes e consequente pneumonia.

Podemos verificar que as doenças, que supúnhamos mais frequentes, não o são. A disponibilização de informações de determinadas doenças na mídia faz com que tenhamos uma ideia distorcida das doenças que, efetivamente, causam mais mortes. Vejamos

Quadro 5
Informações sobre mortalidade

#	Doenças	Incidência (1000)
1	Doenças cerebrovasculares	100,0
2	Infarto agudo do miocárdio	85,9
3	Pneumonia	68,3
4	Diabetes	58,0
5	Homicídios por armas de fogo	50,0
6	Doenças hipertensivas	46,8
7	Bronquite, enfisema e asma	43,5
8	Acidentes de transporte terrestres	41,7
9	Insuficiência cardíaca	27,3
10	Câncer de pulmão	24,4

Fonte: Sistema de Informações sobre Mortalidade, do Ministério da Saúde. *Exame.com.* Atualizado em 13 set. 2016.

Exemplo 2: Gerentes que fazem avaliação de desempenho de seus colaboradores são vítimas da heurística da disponibilidade. Os gerentes tendem a avaliar o desempenho (positivo ou negativo) do colaborador a partir de informações mais recentes de que eles dispõem, por exemplo, informações dos últimos três meses anteriores à avaliação. É muito difícil que se lembrem de situações mais remotas, como de nove meses anteriores ao período de avaliação (disponibilidade da informação na memória), e acabam fazendo uso das informações mais recentes.

Exemplo 3: Pesquisas mostraram que é mais fácil vender seguro de desastre natural para pessoas que já experimentaram esse tipo de acidente, do que para pessoas que nunca sofreram qualquer desastre natural. Estas últimas o adquiririam apenas como prevenção.

Em resumo, nossas memórias e experiências recentes têm um forte impacto sobre as nossas decisões.

Heurística da representatividade

Essa heurística tem como característica a comparação entre os assuntos em análise, considerando as referências e as ideias preestabelecidas sobre pessoas e objetos ou eventos.

É usual que a heurística da representatividade esteja presente quando, por exemplo, um gestor participa de um processo de seleção de pessoas. Nesse processo, o gestor tende a comparar um determinado perfil de candidato com uma categoria preestabelecida por ele. Outro exemplo pode ser observado quando um consumidor, face ao lançamento de um novo produto, compara-o com produtos similares já existentes.

Exemplo 1: Um indivíduo é introvertido, gosta de quebra-cabeças e se interessa por leitura. Qual a probabilidade de essa pessoa ser um engenheiro (civil + produção) ou um advogado?

Resposta do exemplo 1: A maioria das pessoas interpreta e responde que a formação desse indivíduo é engenheiro. Nesse caso, as avaliações realizadas não consideraram as diferenças possíveis da quantidade de concluintes de cada um dos cursos, mas sim características que os indivíduos dessas profissões devem ter.

Vejamos alguns dados de 2015: cerca de 40 mil indivíduos concluíram o curso de engenharia e 105 mil concluíram direito. Assim, a probabilidade de esse indivíduo ser advogado seria muito maior do que ser engenheiro (105.000 / 40.000).

Pode-se observar, no exemplo apresentado, que os indivíduos são insensíveis à dimensão da amostra ao avaliar uma informação. Há uma tendência a generalizar a informação, a partir de um número reduzido delas. No exemplo apresentado, o perfil (introvertido, amante de quebra-cabeça e da leitura) influenciou a decisão de considerar esse indivíduo como engenheiro, apesar de a quantidade de engenheiros ser inferior à quantidade de advogados no mercado de trabalho.

Exemplo 2: Se três candidatos de uma universidade X forem mal em uma entrevista de processo seletivo para estagiário em uma empresa, a tendência é generalizar e achar que todos os candidatos advindos da universidade X também se sairão mal na entrevista. Depreende-se que indivíduos tendem a avaliar a probabilidade de ocorrência de um evento, a partir da semelhança dos acontecimentos.

A seguir, serão apresentados outros dois exemplos que ajudarão a melhor compreender a heurística da representatividade.

Exemplo 3: Falácia do jogador (Tvesky e Kahneman, 1974).

A chance é comumente vista como um processo autocorretivo no qual um desvio em uma direção leva a um desvio na direção oposta para restaurar o equilíbrio. Na verdade, os desvios não são corrigidos à medida que um processo de chance se desenrola, eles são meramente diluídos [Kahneman e Tvesky, 1974 in Bazerman, 2014:83].

- Após 10 rodadas de carta "ruins" no jogo de pôquer, o jogador acha que está na hora de receber uma "mão boa". Temos uma falsa noção de conectividade, mas, na verdade, o que ocorre é a aleatoriedade. Tendemos a nos afastar da aleatoriedade, pois a incerteza nos oferece a sensação de insegurança.
- A crença de existir a "mão quente" tem implicações na forma de competir. Passar a oportunidade para um jogador "mão quente" em um jogo de basquete é uma boa estratégia, e o time adversário se preocupa em marcar aquele jogador que tem "mão quente".
- Após ter ganho R$ 1.000 na loteria, uma senhora muda o número que sempre apostou – afinal, qual é a probabilidade de um mesmo número ser sorteado duas vezes? O desempenho nos lances imediatamente anteriores, não mudaria a probabilidade de sucesso nos lances posteriores.

Exemplo 4: Armadilha da confirmação.

Refere-se à forma como procuramos informações. Nossa atenção e processo cognitivo são limitados e, por isso, procuramos informações seletivamente e damos crédito às informações que nos permitam chegar à conclusão do que desejamos alcançar.

Por exemplo, você comprou um carro novo. No dia seguinte, o caderno de automóveis do jornal lança uma reportagem com uma classificação de carros, de acordo com seu desempenho: economia de combustível e resultados de testes de estabilidade do veículo. Ao ler a reportagem, sua atenção estaria dirigida para procurar qual marca de carro?

Resposta mais frequente: A maioria das pessoas prestaria mais atenção á informação que confirmasse sua boa compra, ou seja, a maioria das pessoas buscaria os indicadores associados ao seu carro recém-comprado. Desejamos confirmar nossas ações, principalmente buscando serem elas boas. Talvez pudesse ser mais produtivo e vantajoso analisar as informações negativas, para provocar pensamentos e análise; buscar a confirmação das informações positivas só garante manter-se na zona de conforto. E esta última posição é menos proveitosa.

Heurística da ancoragem

A âncora é representada pela primeira oferta realizada em uma negociação, seja essa oferta de qualquer das partes, seja do comprador ou do vendedor. Há uma tendência em nos fixarmos em uma dada informação como ponto de partida, ou de ajustarmos a resposta com base em um valor inicial. A âncora define as bases e os parâmetros da negociação e pode influenciar a resposta final. Como é um elemento informativo, a âncora deve ser utilizada estrategicamente, atendendo aos interesses da parte que a lançou. A ancoragem, como é a primeira informação, tem um significado muito forte, tornando mais difícil ajustar novas informações. A âncora será o "ponto de partida" e todos conhecerão, a partir dessa informação, o real interesse (ou o posicionamento) da parte que ancorou. As âncoras afetam nossas decisões (Bazerman, 2004).

Se a âncora disponibilizada por uma das partes for extrema ou irracional, a mesma se tornará impeditiva para o acordo, pois as partes, ao perceberem que a oferta é irreal, abandonarão a negociação. Se a âncora "irreal" vier seguida de outra proposta, reduzindo-a ou modificando-a significativamente, essa mudança intempestiva promoverá uma "desconfiança", impactando a credibilidade de todo o processo. Uma ação dessa natureza põe em risco o relacionamento e confiança, estabelecidos após muitas conquistas.

Efeito da ancoragem em negociações salariais

Você acabou de concluir um MBA e deseja renegociar seu salário. Vamos supor duas âncoras de forma a comparar seus efeitos: salário atual e salário pago pelo mercado a profissionais com MBA.

▼

1. Âncora: *salário atual*. Esta é uma âncora (ponto de partida na negociação) que pode ser fraca, pois tem como a base seu salário atual, sem o MBA. Os salários pagos a quem possui o MBA são muito superiores ao seu salário atual. Assim, se seu salário atual for utilizado como base para cálculo do novo salário com o MBA, a variação % do aumento será grande, fora das normas de sua empresa, que é, por exemplo, dar aumentos de, no máximo, 20% ao ano. Mas se a âncora for salário pago pelo mercado àqueles que possuem MBA, vejamos a seguir.
2. Âncora: *salário no mercado para profissionais com MBA*. Essa âncora seria mais vantajosa, pois você estaria negociando valores compatíveis com os valores de mercado, para profissionais de mesma especialização, independentemente de seu salário atual. Essa âncora poderia ser muito mais poderosa para você em uma negociação salarial na sua empresa atual (adaptado do Bazerman, 2004).

Comportamentos e ancoragem

Quando negocia, muitas vezes você ouve a frase: "Todo mundo sabe que funciona dessa maneira". Isso pode ser muito frustrante; não menos importante, porque muitas vezes você diz: "Essa é a coisa mais louca que já ouvi!"

Esse fenômeno, bastante comum, é resultado da "negociação tácita", um termo cunhado por Thomas Schelling, ganhador do prêmio Nobel em 2005, por seus estudos sobre conflito e cooperação.

Considere os seguintes resultados experimentais de pesquisas realizadas por Schelling:

- Quando os indivíduos são solicitados a escolher qualquer número, 40% escolhem o número 1.
- A maioria esmagadora das pessoas, no lançamento da moeda, escolhem "cara" ao invés de "coroa".
- Quando solicitadas a escolher qualquer valor monetário, as pessoas, em sua maioria, tendem a escolher um valor divisível por 10.
- Quando as pessoas combinam um encontro e têm de sugerir um horário, quase todas escolhem "meio-dia".
- Uma maioria esmagadora de pessoas prefere pagar taxas a impostos.

Muitas vezes, cumprimos uma norma, sem sequer conhecê-la (embora seja muito mais evidente quando estamos diante de costumes a que não estamos habituados). É natural que desejemos respeitar as noções de justiça e precedência.

Portanto, na maioria das vezes, é vantagem fazer o primeiro movimento em uma negociação, mesmo que a maioria das pessoas seja reticente em fazê-lo. Fazer a primeira proposta oferece a oportunidade de enquadrar a negociação e estabelecer precedência.

Outra visão, identificada na pesquisa sobre a negociação tácita, é que, muitas vezes, um estranho pode ser mais eficaz. É por isso que, quando você inicia uma negociação para comprar um carro e acaba ficando "confortável e amigo" do vendedor, você é, inevitavelmente, levado pelo próprio vendedor para o escritório do gerente para fechar o negócio (Satell, 2009).

Unidade II
A metodologia da negociação

4
Processo de negociação: conceitos e etapas

Negociação

A imagem da figura 8 representa, esquematicamente, uma negociação multipartite (múltiplas partes). Imaginemos uma reunião na Secretaria de Transportes do estado ou do município para discussão sobre a distribuição do orçamento, que é limitado, pelos diferentes órgãos que tratam dos transportes: ferroviário, rodoviário, metrô etc. Será interessante que fiquemos com esta imagem na mente enquanto tratamos, a seguir, do processo de negociação.

Figura 8
Negociação multipartite

Fonte: <www.asmetro.org.br/portal/gestao/mesa-de-negociacao/6639>.
Acesso em: 18 fev. 2017.

Interesse comum: todos desejam investir e melhorar o serviço de transporte, seja de qual modalidade for.

Interesses conflitantes: cada uma das partes deseja a maior "fatia" (parcela) possível do orçamento disponível. O orçamento, como sabemos, é limitado. Há uma dificuldade de se alcançar um acordo que satisfaça todas as partes (ganha/ganha).

Definição de negociação

As negociações ocorrem como modelo de tomada de decisão, quando não existem regras, não há autoridade para reger a decisão e/ou não há preço definido para a troca de bens e serviços [Zartman, 2007:15].

Depreende-se, da definição apresentada, que se negocia a partir de situações de incerteza – quando não existem regras, nem autoridade, nem preços definidos. Para se jogar, qualquer que seja o jogo, há a necessidade de regras. Diz-se popularmente que: "o que é combinado não sai caro".

Pode-se também entender que negociação é um processo de revisão, atualização e realização de perguntas relevantes, que proporcionam um aprendizado conjunto, com o objetivo de minimizar as diferenças na definição de valor.

A base de uma negociação ganha/ganha é a confiança entre as partes, que pode ser alcançada a partir do relacionamento, desenvolvido por meio de conversas preliminares, de cunho geral, com identificação de interesses comuns, e da busca conjunta de dados que se referem à coleta de informações, indicadores (padrões) que sejam críveis, dando a oportunidade às partes de estabelecerem entre si relacionamento e confiança, se as fontes de informações forem fidedignas e aceitas pelas partes.

Negocia-se quando existem alternativas a serem escolhidas. As alternativas apresentam interesses comuns e interesses conflitantes, significando a complexidade das relações. Os interesses comuns não causam quaisquer problemas, uma vez que todos, unanimemente, concordam. As negociações decorrem somente quando há interesses conflitantes.

Bons negociadores obtêm grandes acordos para si, mas fazem com que seus oponentes acreditem que também fizeram um bom negócio, mesmo que a verdade seja outra; os melhores, porém, são os que sabem dividir as vantagens para que, de fato, todos lucrem [Brooks, 2016:37].

Podem-se distinguir dois tipos de negociação e de barganhas: posicional e por interesses.

Negociação posicional (barganha posicional ou distributiva)

Na barganha posicional as partes buscam o melhor para si mesmas, sem pensar no outro. A barganha posicional tende a ser mais competitiva.

Na barganha posicional, as partes ficam firmes em suas posições originais. Não há qualquer ponderação, mas há a firmeza de dizer o não pelo não, independentemente dos interesses das partes. O interesse que prevalece é o interesse da parte mais forte. A regra passa a ser: ceder à outra parte ou não haverá negociação. Trata-se do jogo denominado ganha/perde. Para que uma parte ganhe, a outra parte, necessariamente, perderá. É um jogo bastante traiçoeiro, pois não elimina o conflito; muito pelo contrário, perpetua e amplifica o conflito. A parte perdedora fica em uma posição desvantajosa, sentindo-se injustiçada, humilhada, e seu único pensamento será o de buscar uma revanche, buscar outra situação, sobre a qual lutará muito, com o objetivo de derrotar aquele seu oponente, que o ganhou no passado, deixando-o em uma posição humilhante: a de perdedor.

Negociação por interesses (barganha por interesse ou integrativa)

A negociação por interesses ocorre quando as partes conseguem algo mais do que previam com a negociação. As partes trabalham em conjunto para aumentar o tamanho da "torta" (das opções de negócios), proporcionando a todas as partes um ganho real, além da percepção de que não houve perdedor (Mnookin e Susskind, 1999). Como resultado, todos ganham e ficam satisfeitos com o resultado.

Para alcançar esse resultado, deve-se: buscar o efetivo interesse de cada uma das partes na negociação; fazer perguntas para conhecer os interesses da outra parte; e focar nos interesses que motivem as partes a escutar, cuidadosamente, umas às outras, percebendo o que o outro realmente sente/necessita como o mais importante. Os interesses definem o problema, de modo a promover a colaboração e a criatividade que geram soluções inovadoras. O desafio torna-se o de encontrar, de forma conjunta, a solução para um problema em vez de fazê--lo pelo enfrentamento competitivo. Busca-se um resultado que seja de ganhos mútuos, um resultado ganha/ganha, que ocorre quando as duas partes saem satisfeitas da negociação, sentindo que ganharam com o resultado alcançado e, assim, encerram a negociação sem qualquer sentimento de injustiça.

> **Considerações sobre o jogo do ganha/ganha**
>
> - Ganhos de curto prazo podem tornar-se perdas de longo prazo.
> - Não é seu interesse que as outras partes sintam-se como se tivessem que recuperar perdas anteriores, proporcionadas por você.
> - Negocie com percepção e intuição, não só com palavras.
> - Busque reciprocidade.
> - Construa uma coalizão positiva.
> - Destaque sua reputação e a deles.
> - Crie mecanismos de confiança, se necessário.
> - Faça de você uma pessoa confiável para a outra parte.
> - Qualidade de um negociador? Ouvir, ouvir, ouvir...

A figura 9 apresenta a disputa representada pelas negociações posicionais e por interesses, que resultam em um jogo ganha/perde e ganha/ganha, respectivamente.

Figura 9
Negociação posicional e negociação por interesses

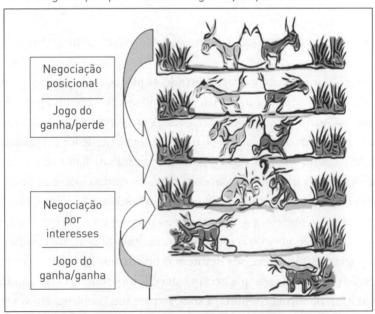

Fonte: adaptado de Securitas <http://securitas.blogs.sapo.pt/70623.html>.

Conceitos básicos

Há conceitos básicos fundamentais para o processo de negociação. São eles: BATNA, preço reserva, ancoragem e Zopa.

BATNA (best alternative to a negotiation agreement) ou Maana (melhor alternativa a um acordo negociado)

Trata-se de um "plano B" para a negociação, ou seja, o negociador deve ter sempre uma alternativa denominada "plano B" ou BATNA, que o atraia caso a negociação em que está envolvido não dê certo. A BATNA é uma alternativa fora da negociação que o indivíduo está empreendendo. Seria outra oportunidade ou opção.

A BATNA corresponde à alternativa que será adotada caso não se alcance um acordo, e deve ser definida antes do início de qualquer negociação, na etapa de preparação. Ter uma BATNA faz com que o negociador tenha uma posição vantajosa em relação à outra parte, ou seja, faz com que, ao tê-la, ele esteja em uma situação de *poder*. Por quê?

A BATNA é um instrumento de poder. O negociador que não a possui fica refém das condições apresentadas pelo outro negociador e fica à mercê de aceitar inúmeras concessões, que não aceitaria se estivesse em uma posição mais vantajosa na negociação. Acaba aceitando algumas concessões somente por não possuir outra alternativa a não ser aceitar as condições impostas. Se o negociador tiver uma BATNA, ele poderá se impor na negociação, ele terá a segurança de que, caso a negociação não alcance um acordo, sua BATNA lhe garantirá outra oportunidade, que poderá não ser ótima, porém será uma oportunidade.

> Você encaminhou um currículo para uma empresa multinacional e foi chamado para uma entrevista de emprego.
>
> *Negociação*: você irá para uma entrevista em busca de um novo emprego. Nessa entrevista, em primeiro lugar, você mostrará ao entrevistador seu valor como profissional. Por outro lado, você se interessou muito pelo desafio que terá e o trabalho muito lhe interessa. Uma vez aprovado na entrevista, o empregador apresenta o salário, benefícios, plano de carreira etc. (essa é a negociação propriamente dita).

▼

> Vamos supor duas BATNAs: BATNA 1 – você está empregado, satisfeito e está buscando prospectar uma nova oportunidade; BATNA 2 – você está desempregado.
>
> BATNA 1: Enquanto você enfrenta uma rodada de entrevistas, o fato de estar empregado lhe garante uma segurança de que não há nada o que perder (você está empregado e isso não está em jogo); essa entrevista está lhe oferecendo a oportunidade de prospectar outra posição, em outra empresa, que você poderá aceitar ou não. Esta BATNA (estar empregado) lhe oferece poder e margem para barganha na negociação. Você irá negociar com mais tranquilidade, sabendo que, se as condições oferecidas não forem interessantes, você continuará no seu emprego atual (que é sua BATNA/plano B), que é sua segurança, é seu poder. Você negociará as condições de trabalho com muito menos ansiedade, conseguirá ponderar e explorar interesses com muito profissionalismo, criando valor, inclusive.
>
> BATNA 2: Estar desempregado (BATNA fraca). Você possui uma BATNA frágil, pois está desempregado e o que mais que você precisa hoje é conseguir um trabalho. O fato de estar desempregado e precisando desse emprego o faz mais frágil para negociar – você terá menos poder e estará mais sujeito a aceitar qualquer proposta. O nível de concessões unilaterais (somente do lado do empregado) será altíssimo, pois, se não aceitar as condições impostas, não terá outra alternativa a não ser permanecer desempregado.
>
> Assim, aquele que possuir *uma* BATNA poderá avaliar melhor as propostas decorrentes do processo; poderá dizer não a uma proposta desfavorável e não se tornar refém do processo.

Preço reserva

Representado pelo valor máximo que o comprador está disposto a pagar e pelo valor mínimo que o vendedor está disposto a receber pelo produto. Esse valor, que não é necessariamente financeiro, não é divulgado pelas partes, sob pena de prejudicar a negociação, pois deixa claro os seus limites (fica reservado). Pode ser entendido, também, como o limite máximo possível de concessões a serem feitas em um acordo.

Não necessariamente, esse preço reserva refere-se a valores monetários, mas refere-se a informações quantitativas, sejam financeiras, sejam de pessoas, produtos etc. No exemplo a seguir, o preço reserva estará associado à quantidade de técnicos.

PROCESSO DE NEGOCIAÇÃO: CONCEITOS E ETAPAS

A empresa na qual você trabalha o indicou como líder de um novo projeto. Você irá a uma reunião com o diretor de projetos para conhecer sua nova atividade. Você conhece bem o projeto, pois participou da elaboração da proposta.

Você sabe que o projeto foi dimensionado com a participação de 35 técnicos. O diretor, considerando a necessidade de redução de custos e de aumento de produtividade, autorizou a contratação de 27 novos técnicos. Por outro lado, você, conhecendo a proposta e com base na autorização anunciada pelo diretor, contrapropôs com um pedido para a contratação de 38 técnicos.

Preço/valor reserva: o diretor guardou a informação de que, se necessário, ele concordaria com a contratação de 35 técnicos no total, mas se ele informasse esse número, a negociação seria iniciada a partir de 35 técnicos, e não a partir de 27, como ele inicialmente anunciou. Essa informação (preço reserva) não é divulgada. O mesmo aconteceu com você, ao indicar a necessidade de contratação de 38 técnicos, sabendo que o projeto havia definido 35. Você poderia desenvolver o trabalho com 33 técnicos, mas, se anunciasse inicialmente que poderia fazê-lo, a negociação iniciaria com o limite máximo da contratação de 33 técnicos.

Assim, o preço reserva para o diretor era de 35 técnicos e para o líder do projeto era de 33 técnicos. Para o diretor, 35 representa o limite máximo de contratação, e para o líder do projeto, o mínimo de técnicos possível é 33.

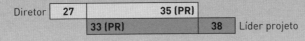

Ancoragem

Refere-se à oferta inicial, ou seja, a primeira divulgação de preço/valor ou das condições, anunciada por qualquer uma das partes. Ancora quem primeiro oferecer a informação de preço ou das condições ancora. Quem ancora, informa e assume riscos. A âncora deve ser utilizada estrategicamente pelas partes, pois as condições da negociação irão ocorrer tendo como média ou limite o valor que foi ancorado.

Quem deve ancorar primeiro? Quem faz a primeira oferta estabelece uma gama de possibilidades razoáveis na mente de cada pessoa. Dependerá da estratégia, dependerá da necessidade sobre o resultado, dependerá da BATNA forte ou fraca que você tiver, dependerá do interesse em definir valores, enfim, dependerá de muitas variáveis. Não há uma regra. Se a outra parte ancorar, deve-se analisar a qualidade da âncora. Se você ancorar, formule objetivos ousados como âncoras.

> Você irá negociar a compra de uma máquina, sabendo que a média de preço dessa máquina no mercado é R$ 5 mil. O vendedor oferece a máquina por R$ 9 mil (âncora), valor esse bastante acima da média do mercado. O valor ancorado pelo vendedor faz com que você fique desconfiado e contraproponha um valor muito abaixo, de R$ 3 mil pela máquina.
>
> Em seguida, diante de sua contraproposta, o vendedor reduz o preço de venda da máquina para R$ 5,5 mil. Essa redução de preço, de R$ 9 mil para R$ 5,5 mil, faz com que você fique desconfiado, pois qual a razão de tamanha redução de preço? Por que o vendedor, já de início, não teria ancorado nesse valor (R$ 5,5 mil)? Se o vendedor estivesse propondo um preço próximo ao preço de mercado, ele não teria ancorado em R$ 9 mil e sim em um valor mais próximo de R$ 5 mil. Estaria o vendedor querendo levar vantagem? Essas dúvidas geram uma desconfiança.

No exemplo do conceito de preço reserva, quem ancorou foi o diretor, que informou, antes de todos, sua disposição de contratar 27 técnicos. Esses 27 técnicos representaram a âncora.

Zopa (zona de possíveis acordos)

Refere-se à amplitude entre os valores de compra e de venda divulgados pelas partes em uma negociação. É um conjunto de valores/preços/condições possíveis, para ambas as partes, situados entre os limites superiores e inferiores de uma negociação. O acordo cujo resultado satisfaça ambas as partes será encontrado em algum ponto no interior desse intervalo.

O vendedor informa o valor pelo qual ele deseja vender o bem, que em geral é superior ao valor que o comprador deseja pagar por ele. Ao intervalo entre o valor divulgado pelo vendedor e o valor pretendido pelo comprador denominamos zona de possíveis acordos (Zopa).

No exemplo da negociação da contratação de técnicos para o projeto, indicado anteriormente, tem-se que o acordo tem como Zopa entre 27 e 38 técnicos, ou seja, o acordo será concluído em uma quantidade dentro de um intervalo que está entre o mínimo de 27 e o máximo de 38 técnicos (Zopa).

Figura 10
Limites da Zopa

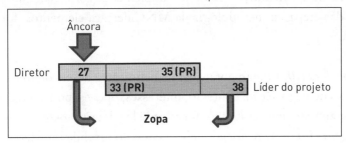

Matriz de negociações complexas

A matriz de negociações complexas (MNC) sintetiza o processo de negociação, em etapas, elementos, formas de negociação e indicadores de avaliação. Estruturada a partir da abordagem de ganhos mútuos, o foco das negociações é sobre os interesses, não em posições (Spinola, Brandão e Duzert, 2011).

A MNC é um conjunto de estratégias e princípios que permite:

1. maximizar as chances de buscar os interesses das duas partes;
2. criar e manter bom relacionamento entre as partes.

Veja o quadro 6.

Quadro 6
Matriz de negociações complexas

Etapas do processo de negociação			
Preparação	Criação de valor	Distribuição de valor	Implementação

Elementos	Formas	Indicadores
Contexto	Direta	Satisfação/racionalidade
Interesses	Agentes	Controle
Opções	Facilitador	Risco
Poder	Mediação	Otimização econômica
Cognição	Diálogo entre múltiplas partes	Ética
Relacionamento	Informais paralelas	Justiça/equidade
Concessões	Metamediação	Produtividade
Conformidade legal	Arbitragem	Emoções
Padrões	Judicial	Impacto e sustentabilidade
Tempo	Força (policial ou militar)	Autopoiese/auto-organização

A MNC organiza o processo de negociação em quatro etapas: preparação, criação de valor, distribuição de valor e implementação/fechamento.

Além das etapas, a metodologia da MNC destaca elementos, formas e indicadores. Veja:

- *elementos (10)* fundamentais para a definição e desenvolvimento do processo de negociação: contexto, interesses, opções, poder, cognição, relacionamento, concessão, conformidade legal, critérios/padrões e tempo.
- *formas (10)* de se negociar, dependendo do nível de interferência de terceiros até a forma extrema de litígio. A negociação direta é a forma mais simples, que não tem interferência de terceiros. A partir daí, quando as partes se veem em dificuldades para alcançar um acordo, solicitam a ajuda de terceiros (agentes, facilitadores, mediadores, árbitros). Caso o conflito não se encerre, pode-se buscar uma ajuda legal, quando a negociação será decidida por um terceiro, sem qualquer interferência e controle das partes, que deixam de ter a autonomia sobre a decisão (judicial e policial). Além dessas formas aqui descritas, há ainda as negociações com múltiplas partes (multipartites), as negociações paralelas informais e as metamediações.
- *indicadores (10)* são métricas quantitativas e qualitativas que se deseja alcançar, com sucesso, em uma negociação. São elas: satisfação/racionalidade; controle; risco; otimização econômica; ética; justiça e equidade; produtividade; emoções, impacto e sustentabilidade; e autopoieses e auto-organização..

Etapas do processo de negociação

São quatro as etapas do processo de negociação. Excetuando as etapas de preparação e de implementação/fechamento, as demais (criação de valor e distribuição de valor) refletem ações de cooperação e competição, respectivamente.

- *primeira etapa: preparação* – representada pelo planejamento do processo;
- *segunda etapa: criação de valor* – é aquela em que os negociadores identificam os interesses (os deles e os dos outros) e elencam as oportunidades (opções) para serem trocadas. Prepondera o espírito cooperativo em busca de opções, de alternativas entre todos os envolvidos;

- *terceira etapa: distribuição de valor* – depois de reunidas as oportunidades identificadas (opções), são realizadas trocas. Essa é a etapa da negociação propriamente dita, quando os negociadores trocam suas opções com base em suas estratégias e interesses. Nesse momento, prepondera o espírito competitivo;
- *quarta etapa: implementação e fechamento* – etapa final do processo, quando encerram-se as negociações, definem-se as condições de direitos e obrigações do contrato, implementação e controle/acompanhamento dos acordos firmados.

Preparação

É a etapa inicial de um processo de negociação. Busca-se obter o máximo de dados e informações a respeito da outra parte. Como obter essas informações? A principal estratégia é perguntar e, principalmente, ouvir sempre, ouvir muito, "ficar rouco de tanto ouvir".

Para se preparar para uma negociação, deve-se, além de analisar alguns elementos da MNC, buscar responder às perguntas a seguir, considerando seu ponto de vista e o da(s) outra(s) parte(s):

- Qual é a *questão* que me/nos trouxe a esta reunião?.
- As minhas questões são iguais às questões dos outros negociadores?.
- Qual(is) o(s) meu(s) *interesse(s)* nesta negociação? O que desejo alcançar? E quais devem ser os interesses de cada um dos negociadores? O que será que os outros negociadores desejam com esta negociação? Dependendo dos interesses em jogo, o processo de negociação poderá ser diferenciado. Cada uma das partes, em um mesmo processo de negociação, tem interesses absolutamente distintos. Assim, devemos conhecer esses interesses, para que possamos oferecer a cada uma das partes o que cada um deseja, que é função de seus interesses.
- A partir da identificação dos interesses, deve-se traçar cenários de possibilidades e de resultados possíveis.
- Já possuo uma BATNA? Se não, devo construir uma; se sim, como posso avaliá-la: forte ou fraca? Será que eu posso melhorá-la para ter mais conforto e ter mais poder na negociação? Qual a BATNA que suponho

ser a dos outros negociadores? A BATNA é uma informação estratégica. Há que se avaliar se é interessante expô-la para os demais negociadores ou se é melhor deixá-la sob sigilo.
- Defina seu *preço reserva* e a estratégia da *ancoragem*. Você ancorará primeiro ou aguardará a outra parte ancorar? Lembre que quem ancora oferece às outras partes informações sobre sua posição, e a negociação transcorrerá a partir dessa informação base.
- A partir dos interesses, devemos definir as prioridades entre eles. O que desejo em primeiro lugar, e em segundo lugar, e assim por diante.
- Quais as informações necessárias para que se possa oferecer à outra parte credibilidade, que pode ser traduzida na definição de padrões e critérios que sejam aceitos por todos os negociadores. O que a outra parte poderá oferecer para sinalizar confiança, que ofereça credibilidade para iniciar uma negociação?
- Desenvolver e manter um relacionamento é importante em qualquer etapa do processo de negociação. Relacionar-se com pessoas é o maior ativo que se pode ter.
- Guardar as emoções difíceis e tratar de transformá-las em ativos.
- Ativar a percepção, a partir de detalhes da linguagem corporal e verbal.
- Reduzir os *gaps* perceptivos. Estamos todos compreendendo a mesma coisa? Todas as partes têm o mesmo entendimento, os mesmos conceitos? Estamos falando a mesma linguagem? Há necessidade de se alinhar essa compreensão. Muitas vezes, o conflito ocorre muito antes da negociação, não só pela questão em si, mas na interpretação que cada um faz antecipadamente das palavras, das situações, dos conceitos etc. A maior barreira é o "pré-conceito" (algo que antecede o real conceito).

Exemplo: Imagem da reunião na Secretaria de Transportes.

a) Os indivíduos têm uma tendência de achar que todos possuem a mesma compreensão sobre as mesmas coisas e assuntos. Esquecem-se de que somos diferentes uns dos outros, temos diferentes culturas e, portanto, podemos ter diferentes compreensões sobre o mesmo assunto.
b) Se a questão estiver associada a transporte, deve-se, inicialmente, definir com as partes o tipo de transporte que estará em pauta (ferroviário, rodoviário, marítimo, metrô etc.). Caso não haja um alinhamento inicial, ou

seja, se cada negociador não se apresentar como representante do meio de transporte "x", todos negociarão algo associado a transporte, porém cada um irá defender e ponderar pontos de vista associados ao meio de transporte que representa, o que tornará esse diálogo uma "Torre de Babel", quando cada um defenderá uma coisa diferente do outro (ver elemento cognição).
- Será fundamental estabelecer as bases da confiança e da credibilidade, que são frutos do relacionamento inicial estabelecido, da identificação de fontes fidedignas e que sejam da confiança das partes.
- Percepção do ambiente: buscar perceber o ambiente, verificar o clima (pesado ou leve), as emoções que perpassam as pessoas. Deve-se ficar antenado, perceber além das palavras, perceber o gestual, a ostentação do ambiente etc.

> Durante evento organizado pela Associação dos Dirigentes de Marketing e Vendas do Brasil (ADVB/RS), o palestrante internacional Renato Hirata destacou que "o negócio de alta performance gasta 90% se preparando e 10% negociando".

Criação de valor

Significa inventar soluções que sejam vantajosas e que permitam expandir o conjunto de opções, de benefícios mútuos viáveis para ambas as partes. Deve-se estar com o pensamento livre: tudo é possível de ser pensado, todas as ideias podem e devem aflorar, sem censura, sem preconcebimentos. Deve-se evitar a racionalidade limitada, permitindo-se "pensar fora da caixa".

Assim, criar valor é fazer um exercício de descobrir, inventar, criar, pensar, fazendo um *brainstorming* (tempestade de ideias) em inúmeras opções. Elencadas as ideias (opções), defina as prioridades para poder oferecê-las estrategicamente.

Para facilitar a criação de valor, deve-se:

- Perceber as emoções que estão dominando cada uma das partes e o ambiente.
- Relacionar-se com a outra parte (e muito).
- Não confrontar e sim somar esforços.
- Reduzir a tensão no ambiente.

- Definir objetivos em conjunto; usar processos colaborativos. Por isso esta é uma etapa da cooperação.
- Obter a concordância para prosseguir, usar processos colaborativos, quebrar barreiras e achar soluções.
- Apresentar ao outro negociador suas demandas e expectativas, de forma estratégica.
- Suspender as críticas, quebrar barreiras e buscar soluções. Pensar "fora da caixa", sem racionalidade limitada.
- Analisar a estrutura de poder. Você se sente mais forte que a outra parte?
- Separar as pessoas dos problemas. Um "não" dito a uma proposta é um "não" à proposta; não é um "não" dito à pessoa. O relacionamento permanece estável, mas a proposta não agradou. Não se deve personalizar.
- Concentrar-se nos *interesses* (o que o outro de fato quer) e não nas *posições* (o que o outro fala).
- Inventar opções de ganhos múltiplos.
- Insistir em critérios objetivos.
- Permitir que as ideias fluam, sem críticas. Não restrinja nenhum pensamento, não critique antecipadamente. Deixe para a etapa seguinte o trabalho de adequar as ideias à legislação, às possibilidades reais de exequibilidade. Cada ideia conduz a uma nova ideia, a um novo pensamento e aí encontra-se a riqueza do processo. Quanto mais livres formos na criação de valor, mais possibilidades de acordos ganha/ganha e maior a satisfação com os resultados alcançados.

Em resumo, como criar valor?

a) cultive confiança e compartilhe informações, o que pode ser realizado com uma "busca conjunta de dados";
b) faça perguntas para identificar desejos, medos, necessidades, preferências e posições;
c) revele informações estrategicamente;
d) faça múltiplas ofertas simultaneamente.

Distribuição de valor

Significa escolher as opções geradas na etapa de criação de valor, oferecê-las de acordo com sua estratégia e a estratégia que você percebe nas outras partes. As opções serão então trocadas, de comum acordo entre os participantes. A escolha e a troca de opções entre as partes constitui, verdadeiramente, o processo de negociação. Nessa etapa, as partes fazem concessões, maiores ou menores, em função dos interesses e da BATNA (Ury, Patton e Fisher, 2014) de cada um. Lembramos que a BATNA é um instrumento de poder e, quanto mais forte ela for, menores serão as concessões para a aceitação das opções.

Enquanto na etapa da criação de valor prevaleceu a cooperação, a busca conjunta de dados, o estabelecimento do relacionamento e da confiança, nessa etapa de *distribuição de valor*, prevalecerá a competição, a estratégia para oferecer às outras partes as opções identificadas na etapa da criação de valor.

Na troca das opções, deve-se traçar uma estratégia que consiste em priorizar as opções para trocá-las pouco a pouco, cada uma a seu tempo, dependendo da estratégia definida.

Para que a etapa da distribuição de valor transcorra naturalmente, sem sobressaltos, sem desconfianças, sem sentimentos de que se está sendo ludibriado, será fundamental que o relacionamento e a confiança estejam bem alicerçados. Acredita-se, dessa forma, que todos farão a jogada combinada, que honrarão os compromissos, cabendo nessa etapa a inserção de critérios e padrões (definidos na criação de valor) para as trocas, bem como para o acompanhamento e controle da execução do acordo firmado.

Tem-se como exemplo, na área financeira, a negociação de formas de pagamento, prazos, composição dos valores e, também, de preços, pois todas essas variáveis são dependentes umas das outras. Você pode definir um valor um pouco mais alto, porém ofereça a concessão de maiores prazos para pagamento.

Desenhe acordos que envolvam as partes nos resultados, pois quando as partes estão envolvidas no resultado, todos farão esforços para que os termos sejam cumpridos. Todas as partes se esforçarão para obter os melhores resultados.

Na etapa de distribuição de valor, devem também ser negociados os prazos de execução, penalidades, direitos, obrigações, enfim, todas as condições que deverão constar no contrato a ser firmado.

Deve-se, ainda, alinhar a compreensão do que está sendo negociado, lembrando que cada uma das partes possui diferentes percepções da realidade; evitar os riscos associados ao viés de julgamento; ouvir ativamente; fazer anotações; validar os acordos; perceber e interpretar o gestual da outra parte, além de separar as pessoas dos problemas.

Implementação/fechamento

Uma vez definidos os termos finais da negociação, as ações dessa etapa consistem em validar e acompanhar os acordos alcançados, de forma que nenhuma das partes precise se preocupar com a violação dos resultados alcançados. Deverão ser realizados acordos de monitoramento da execução da negociação; definição de incentivos organizacionais e controles. Deve-se trabalhar para a manutenção do relacionamento.

Há uma clara associação entre as etapas e os elementos do processo de negociação, conforme pode ser observado no quadro 7.

Quadro 7
Etapas e elementos do processo de negociação

Elementos	Preparação	Criação de valor	Distribuição de valor	Implementação
Contexto	x			
Interesses	x	x		
Opções	x	x		
Poder	x	x	x	
Cognição	x	x	x	x
Relacionamento	x	x	x	x
Concessão			x	
Conformidade	x			x
Critérios/padrões	x		x	x
Tempo	x			x

Fonte: Duzert (2007).

A MNC distinguiu 10 elementos, quais sejam: contexto, interesses, opções, poder, cognição, relacionamento, concessão, conformidade legal, critérios/padrões e tempo. Cada um desses elementos está associado às diferentes etapas do processo de negociação. Sendo um processo, não há rigidez nem regra para a adoção dos elementos ao longo das etapas.

Pode-se depreender do quadro 7 que o elemento "contexto" tem um papel fundamental na etapa da preparação da negociação, ambientando o negociador (ambiente, clima etc.). O elemento "interesses" será fundamental nas etapas de preparação e criação de valor. Na etapa de preparação, as partes têm que ter clareza do que estão negociando e do que desejam. Na etapa da criação de valor, o negociador criará opções e oportunidades para trocar, tendo o que oferecer como contrapartida ao atendimento de seus interesses. Os demais elementos serão apresentados no capítulo 5.

Busca de acordos pós-acordos

Trataremos desse tema em separado das etapas do processo de negociação, pois constitui-se uma etapa que ocorrerá depois de finalizada a negociação (Raiffa, 2002).

Uma vez que o processo de negociação está finalizado e considerando que as partes estão satisfeitas com o resultado ganha/ganha alcançado, com o nível de confiança entre as partes em alta, com o relacionamento bem estruturado, com as tensões e emoções amainadas, as partes podem fazer uma nova rodada de negociação, buscando melhorar as posições/acordos alcançados.

Não há mais a ansiedade para alcançar resultados, pois estes já foram pactuados, não paira mais nenhuma ameaça de rompimento de acordo, mas as partes podem, de comum acordo, sem qualquer estresse, voltar a conversar para melhorar suas posições no acordo recém-concluído. Lembramos que, quando estamos ansiosos, tensos, sob pressão, podemos ter visão, audição e compreensão seletivas, limitando e comprometendo a tomada de decisão. Se estivermos livres de tudo isso, poderemos pensar melhor e, quem sabe, buscar soluções (criação de valor) ainda não pensadas e enriquecedoras para todas as partes.

Dilema do negociador

> Para criar valor é necessário oferecer informações sobre seus interesses, porém revelar seus interesses pode criar desvantagem.

Podemos associar esse dilema às duas etapas do processo de negociação: criação de valor e distribuição de valor. Podemos também associá-lo à nossa tendência de cooperar e de competir.

Na etapa da criação de valor é fundamental "oferecer informações sobre seus interesses", quando devemos, estrategicamente, fazer com que as outras partes conheçam nossos interesses, nossas argumentações e justificativas. Essa é uma etapa de colaboração/cooperação entre as partes. Essas informações devem ser oferecidas estrategicamente, na medida em que a outra parte também oferece informações. Devemos criar credibilidade e confiança no decorrer da negociação.

Por outro lado, "revelar seus interesses pode criar desvantagem para você", indica a competição. A competição é saudável, compete-se por melhores resultados e para melhor atender aos interesses, porém não se deseja com essa competição aniquilar a outra parte. É necessário, portanto, que as partes informem seus interesses, de forma cuidadosa e estratégica, buscando uma reciprocidade nesta troca, sob pena de a negociação ser ganha/perde.

Uma negociação ganha/perde faz com que o perdedor se sinta desconfortável, injustiçado, humilhado, o que o incentivará a buscar uma revanche em outra oportunidade. Dessa forma, a negociação não acaba, ela retornará ao primeiro sinal de fragilidade daquele que ganhou, ou de fortaleza daquele que se sentiu perdendo. É prejuízo na certa.

5
Elementos do processo de negociação

Cognição

É um processo de conhecimento, que tem como fontes: a informação do meio em que vivemos e o que está registrado em nossa memória. Esse processo envolve: atenção, percepção, raciocínio, juízo, imaginação, pensamento e linguagem.

A tomada de decisão reflete processos cognitivos e motivacionais que dependem da forma pela qual interpretamos as informações, avaliamos riscos, estabelecemos prioridades e vivenciamos sentimentos de perdas e ganhos.

Críticas, ao invés de produzir mudanças positivas, inspiram atitudes defensivas e de retaliação porque atacam o orgulho e afetam a autoestima dos indivíduos. Por outro lado, o sentimento de inferioridade pode encorajar os indivíduos, especialmente em circunstâncias competitivas.

> "Nunca interrompa um inimigo quando ele está cometendo um erro" (citação atribuída a Napoleão Bonaparte em: <www.brainyquote.com/quotes/napoleon_bonaparte_103585>).

Os comportamentos são analisados a partir de escolhas apoiadas em julgamentos e avaliações sobre a própria situação no processo de negociação. Muitas vezes, tomamos decisões que são inconsistentes com nossos interesses de longo prazo por causa de motivações temporárias ou para perseguir metas alternativas. Para tomarmos decisão levamos em consideração:

- as informações disponíveis sobre a situação;
- a análise do comportamento da outra parte;

- a predição sobre o que acontecerá;
- a avaliação das potenciais consequências.

Os processos cognitivos nos levam à definição de táticas de negociação. Veja a figura 11 inserida a seguir:

Figura 11
Optical art

Fonte: <www.fatosdesconhecidos.com.br>. Acesso em: jan. 2018.

Pode-se observar na figura 11 apresentada, que vemos movimento até onde não existem. Se nos fixarmos em pontos da imagem, verificaremos que ela é estática. Tudo que se move nos atrai como um imã. O sistema visual cria nossa imagem do mundo a partir de hipóteses muito bem fundamentadas e ancoradas no cérebro.

A plasticidade do cérebro ajusta, revisa e atualiza informações a todo o instante, como observamos na imagem em que, apesar de estática, nosso cérebro cria movimento. O homem não tem controle sobre essas atualizações que o cérebro empreende. Estamos permanentemente aprendendo e revendo posições. As permanentes organização, atualização, rescisão e reanálise empreendidas pelo cérebro apresentam uma semelhança necessária ao processo de negociação, principalmente em suas etapas de preparação e de criação de valor.

Os negociadores revisam e atualizam seus interesses acrescentando novas informações, que vão, paulatinamente, modificando a condução do processo de negociação na busca de ganhos mútuos.

Modelo cognitivo

Existe uma tendência de nos prendermos a uma única interpretação, principalmente se ela for negativa, e resistirmos às outras.

Nosso sistema de raciocínio comete alguns enganos:

- *abstração seletiva*: escolhemos o que enxergar e o que ouvir, descartamos e não prestamos atenção quando queremos;
- *supergeneralização*: ao ocorrer uma determinada ação, generalizamos ao comunicar o que está ocorrendo "com todo mundo", ou que acontece "em todos os lugares" etc.;
- *maximização ou minimização*: tendemos a amplificar ou reduzir as ocorrências. Por exemplo, duas pessoas portavam um determinado objeto. Tendemos a dizer que vimos "muitas pessoas" ou que "quase ninguém";
- *pensamento dicotômico*: nosso pensamento oscila entre o sim e o não, entre o desejo e não desejo. Temos altos e baixos;
- *personalização*: quando um indivíduo está emitindo um determinado comentário, tendemos a achar que ele está se referindo a nós mesmos e não a uma outra pessoa. É necessário e fundamental que separemos as pessoas dos problemas. O não dado a uma proposta é um não à proposta e não à pessoa.

Percepção da realidade

Nosso cérebro cria uma realidade, porém existe uma limitação sobre o que somos capazes de ver e perceber (Klein, 2013). Devemos buscar conhecer quais as informações que os outros negociadores/indivíduos têm sobre um mesmo objeto.

Por exemplo: duas pessoas assistiram a um mesmo filme. É possível que algumas cenas tenham passado despercebidas por uma das pessoas, ou que um detalhe não tenha sido visto, enfim, cada indivíduo pode depreender uma mesma informação de diferentes formas.

Assim, o elemento cognição trata do conhecimento e do alinhamento das diferentes compreensões sobre o assunto em pauta, sobre o significado das palavras, ou seja, trata de reduzir o *gap* de percepção das partes sobre uma mesma questão.

> "'Descobrimos muito cedo uma coisa interessante', relata Amit Singhal, engenheiro de busca, que trabalhou de perto com sinônimos. 'As pessoas trocam as palavras em suas buscas. Então alguém diria 'Fotos de cachorros' e, depois, 'Fotos de filhotes'. Isso significa que talvez 'cachorros' e 'filhotes' fossem intercambiáveis. Também descobrimos que, quando você ferve água, é água quente. Aprendemos a semântica com os humanos, e isso foi um enorme avanço'.
>
> O sistema de sinônimos do Google passou a entender que 'cachorro' era similar a 'filhote' e que 'água fervente' era sinônimo de 'água quente'. Todavia, os engenheiros também descobriram que a ferramenta de busca considerava que um 'cachorro-quente' era sinônimo de 'filhote fervendo'. 'O problema foi corrigido', diz Singhal, 'por meio de um avanço no final de 2002, que usava as teorias de Ludwig Wittgenstein sobre como as palavras são definidas pelo contexto'" (Levy, 2012:66-68).

Contexto/ambiente

O contexto é representado pelos ambientes externo e interno onde se desenvolve o processo de negociação, que podem ser mapeados por meio da identificação do clima organizacional e das emoções que envolvem todos no ambiente. O negociador deve ter uma visão holística do processo, que lhe permita identificar posições, *status* e perfis das partes, que servirão de subsídio para a definição da estratégia a ser adotada. Condicionar as pessoas a um determinado contexto pode prepará-las a aceitar um ponto de vista ou decisão – pré-suasão (Cialdini, 2017).

O *ambiente externo* é composto pelos cenários político, econômico, social, ambiental, cultural, religioso, comercial, entre outros (visão macro).

Já o *ambiente interno* é representado pelas condições do seu entorno próximo: relacionamento, estresse, ambiente organizacional etc. (visão micro).

O negociador estará com a "fotografia" de todo o ambiente disponível que servirá de base para as reflexões e para facilitar a identificação das opções. Como o ambiente é dinâmico, há necessidade de ficar atento à percepção, intuição e cognição, de forma que se tenha um mapa, o mais fiel e atual possível, que permita balizar posicionamentos e abordagens.

A figura 12 apresenta, de forma esquemática, as relações de dependência e interdependência dos agentes/pares em uma empresa. No centro da figura tem-se o time, composto pelo chefe e pelos indivíduos que são pares (estão no mesmo nível hierárquico) e subordinados. Essa relação entre chefe e subordinados exige uma negociação vertical, e a relação entre os pares exige de cada um uma negociação horizontal.

ELEMENTOS DO PROCESSO DE NEGOCIAÇÃO

Figura 12
Ambientes interno e externo de uma empresa

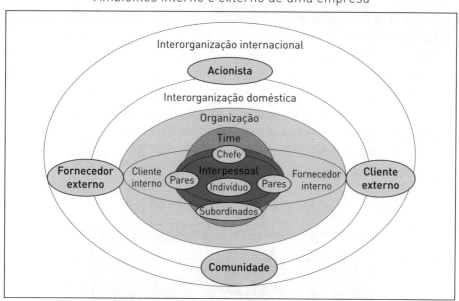

Fonte: Burbridge et al. (2001).

Dentro da organização, o chefe tem que se relacionar com seus pares que são chefes de outras áreas, relacionamento esse que exige também uma negociação em muitos momentos. Há negociação entre times, como os representados por clientes e fornecedores de serviços em que, por exemplo, o setor jurídico é um fornecedor interno de contratos, tendo como cliente o setor comercial.

Ultrapassando seus portões, as empresas se relacionam com seus fornecedores e clientes externos, além de se relacionarem com seus acionistas e com a comunidade na qual estão inseridas. Todas essas relações conduzem à necessidade de negociações.

Qualquer negociação exige uma análise do contexto da cultura, da macroeconomia, da geografia, da história, entre outros; permite identificar a melhor forma de se negociar – negociação direta, negociação por meio de agentes (advogados, agentes imobiliários, procuradores etc.), facilitadores, mediadores, leilões, negociações informais paralelas, negociações multipartites, arbitragem; e resolução de conflitos por meio de terceiros, sendo eles juízes e o poder de polícia.

Interesses

Interesses são os resultados que se deseja obter em uma negociação. Pergunta-se: Quais seus reais interesses na negociação? Quais os interesses da outra parte?

Para alcançar esses resultados, devem ser superados emoções, intempestividades, preocupações, medos, desejos, necessidades e esperanças. As pessoas têm seus próprios interesses e eles variam em função das circunstâncias.

Interesses são valores subjacentes às posições e constituem as razões pelas quais são estabelecidas as posições e as exigências. Quais os motivos, desejos que estão por trás dos pedidos e das posições? A definição dos interesses conduzirá a negociação. Veja a figura 13.

Figura 13
Posições e interesses

Fonte: adaptada de: <http://lucianameirelles.blogspot.com.br/p/conversando-sobre-nos.html>.

Pode-se depreender da imagem apresentada na figura 13 que as *posições* ficam na superfície, aparentes, expostas, visíveis; externalizam a razão de os indivíduos realizarem seus pedidos e agirem; os *interesses* ficam submersos, não aparentes, são dedutíveis e envolvem sensações, valores e memórias do passado; são intangíveis e percebidos pela nossa intuição. Há que se buscar dentro de cada um de nós, e com a outra parte, o real interesse com relação à negociação.

Perguntas fundamentais: Por que estamos aqui negociando? O que eu desejo da outra parte? O que a outra parte deseja de mim? Como procederíamos se estivéssemos no lugar deles? Existem *stakeholders* envolvidos (Susskind, Cruickshank e Duzert, 2008)? Quais interesses devem nos preocupar? Quais interesses são compartilhados? Quais interesses são diferentes? Quais interesses são conflitantes? O que se busca atingir nessa negociação? Essas questões deverão levar a uma satisfação dos interesses para que o acordo seja durável.

Além dessas perguntas, os interesses podem ser identificados a partir dos questionamentos apresentados no quadro 8.

Quadro 8
Identificação dos interesses

	Você	O outro
O que se deseja alcançar?	x	x
Qual a sua meta?	x	x
Qual o seu objetivo?	x	x
Por que estamos negociando?	x	x
Quais são as diretrizes?	Empresa	
Qual é a estratégia?	Empresa	
Quais são as prioridades?	Empresa	
Dentro de um CONTEXTO		

É importante destacar que uma análise criteriosa dos interesses pode desvendar a existência de uma quantidade muito maior de interesses comuns ou compatíveis do que de interesses antagônicos. As partes devem ser amigáveis, ter bom relacionamento, de modo a construir um clima que facilite a abordagem do problema, a busca de uma solução conjunta, que proporcionará o melhor resultado para todos os envolvidos.

> **Exemplo**
>
> Em uma organização, no momento da definição do orçamento das áreas jurídica, comercial, marketing, recursos humanos, finanças e logística, há conflitos na distribuição dos recursos entre as áreas, há poder envolvido. A área que receber mais recursos pode ser mais poderosa; quem receber uma fatia menor do orçamento pode ter menos poder. O CEO deve definir com a diretoria uma política de prioridades e quais interesses são estratégicos para aquele ano, o que definirá os percentuais de aumento no orçamento de cada área.

Para que os resultados sejam alcançados, deve-se proceder às seguintes *ações específicas*:

- concentrar-se em interesses e não em posições;
- comunicar nossos interesses (talvez não sua intensidade);
- perguntar sobre os interesses deles.

> Conheça todos os interesses, mas não revele suas preferências.

Há diferenças entre preferência, desejo e necessidade. A preferência está associada à prioridade que será definida para os diferentes interesses existentes em uma negociação. A intensidade das necessidades definirá o poder de barganha: quanto maior a necessidade, menor o poder de barganha e maiores as concessões. O desejo está associado à utopia, o que eu desejaria, o que as outras partes desejariam – seria a condição ótima.

A conciliação, o alinhamento dos interesses, o estabelecimento de estratégias tem como "pano de fundo" uma análise benefício/custo, como é modelizado na teoria dos jogos. Cada estratégia, cada decisão tem um custo e um benefício e, analisadas e ponderadas essas variáveis, a escolha acaba recaindo sobre aquela que apresenta maior benefício. Há interesses que são negociáveis e outros não negociáveis, definidos pelos princípios; há limites para os interesses, que são os padrões de comportamento, critérios éticos, critérios morais. Definir os interesses nos permite identificar os possíveis conflitos.

Opções

Referem-se ao conjunto de oportunidades que cada uma das partes/atores/negociadores elenca, a partir do conhecimento dos interesses da outra parte e que poderão ser utilizadas nas trocas. As opções enriquecem a negociação, aumentam o "tamanho da torta". São oportunidades que podem ser oferecidas e trocadas para além das negociações financeiras. Quanto mais opções, maiores as possibilidades de troca, mais "rico" se tornará o acordo.

Enriquecer o resultado da negociação depende de criar novas oportunidades que agreguem valor e complementem a negociação. Essas oportunidades podem ser criadas por meio de uma "tempestade de ideias", com liberdade de pensamento, pois não representam qualquer compromisso, simplesmente são ideias livres. Quanto mais opções existirem, mais poder se terá na negociação, pois você passará a ter mais oportunidades a serem trocadas, ampliando assim as possibilidades de ganhos mútuos (Ury, 2014).

> Deve-se ser suave com as pessoas, porém duro na defesa de seus interesses.

ELEMENTOS DO PROCESSO DE NEGOCIAÇÃO

Para "inventar/criar" opções criativas, portanto, é preciso: separar o ato de criar opções do ato de julgá-las; ampliar as opções a serem apresentadas, em vez de buscar uma resposta única; buscar benefícios mútuos; e inventar meios para facilitar as decisões do outro.

Julgamento prematuro; busca de uma resposta única; pressuposição de um bolo fixo e pensar que "resolver o problema deles é problema deles" constituem obstáculos que inibem a criação de opções.

Padrão/critérios

Refere-se à necessidade de estabelecer/definir parâmetros que sejam aceitos e que tenham a confiança de todas as partes. Conflitos de interesses ocorrem quando não se encontram padrões que satisfaçam as partes.

Definir padrões ou critérios é fundamental para qualquer negociação. Há um dito popular que apregoa: "o que foi combinado [quando há regras] não sai caro". Qualquer organização tem um estatuto ou um regimento que define sua operação e o padrão de conduta com o qual todos devem concordar ao integrar a organização. A economia tem como métricas índices e indicadores; já os bens e serviços são produzidos de acordo com padrões de qualidade previamente estabelecidos.

O padrão dá legitimidade a uma decisão. A pauta ou um manual é um instrumento que representa um padrão do processo; a política de uma empresa também é um padrão com o qual todos que dela participam devem concordar.

Como exemplos de padrão, têm-se os preços, como o do barril de petróleo, o dos aluguéis de temporada quando há eventos etc., pois são balizadores e definidores de âncoras.

Como padrões e critérios incluem-se também os padrões moral, de comportamento, de etiqueta, de costume, de rotinas, de funcionamento de empresa, de código de informática, de normas de *compliance*, definindo o que é e o que não é permitido dentro do sistema. Tudo isso está associado com a conciliação e com a liberdade de opções dentro dos padrões, sejam técnicos, de produtos, químicos. Por exemplo: a Aneel definiu padrões para as tomadas elétricas de dois ou três buracos (este é um padrão). O padrão permite a conciliação técnica, cultural, até mesmo de comportamento, dos costumes, facilitando o alinhamento entre as pessoas na busca da conciliação.

Tempo

O *tempo* é um elemento que pode ser utilizado estrategicamente ao:

- retardar ou acelerar o processo;
- desvalorizar a outra parte, deixando-a esperando;
- afetar as emoções, expectativas e a conquista dos interesses.

A velocidade com que um processo de negociação se desenvolve é um fator que pode gerar decepção nos negociadores. Quando a negociação se desenvolve ou termina rapidamente demais, os participantes tendem a ficar insatisfeitos, especulando que poderiam ter despendido mais tempo negociando ou pressionando para obter melhores resultados (Trump, 2016). Também, se o processo de negociação for muito lento, cria uma sensação de desestímulo, desinteresse, que pode contaminar o resultado da negociação.

Um exemplo de velocidade do processo, segundo pesquisas, pode ser observado em sala de aula, quando os primeiros alunos que entregam as provas são os mais decepcionados com os resultados que alcançaram, principalmente quando a nota da avaliação é baixa. A forma de reduzir as chances de decepção é agir com calma e ponderação (Wood, 2016).

Fazer uma breve interrupção pode ter o sentido de acalmar as partes, de distensionar o ambiente, de gerar distância do *problema*, em busca de solução. Por outro lado, poderá também gerar mais ansiedade, o que tem um efeito negativo para quem ficou ansioso.

Em momentos de incerteza há uma dificuldade de os negociadores se comprometerem com resultados futuros, o que inviabiliza a possibilidade de acordo. Os contratos contingenciais são utilizados para diluir o risco entre as partes, pois definem condições de efetivar acordos no futuro, quando as condições ajustadas ocorrerem. Há uma garantia de que dadas determinadas condições o acordo prevalecerá; se as condições não se configurarem, partes do acordo, vinculadas a essas condições, estarão cobertas pelo contrato e não haverá qualquer punição. Uma parte ganhou uma garantia no presente, se futuras condições ocorrerem.

ELEMENTOS DO PROCESSO DE NEGOCIAÇÃO

Negociação sobre a cota de pesca entre a Secretaria de Meio Ambiente (SMA) e a Associação de Pescadores de Atum – contratos contingenciais

A SMA se reuniu com a Associação de Pescadores de Atum (APA) para negociar a cota de pesca de atum vermelho, em uma zona portuária da Bahia.

A SMA trouxe para a reunião dados que comprovam a existência de 10 toneladas de atum vermelho, enquanto os pescadores dispõem de informações que indicam a existência de 20 toneladas de atum vermelho nessa zona portuária.

A negociação para uma definição sobre a cota de pesca ideal para aquela região gerou um impasse, uma vez que cada uma das partes tem opiniões, informações e visões diferentes sobre o problema. A APA deseja ter a autorização para explorar uma cota superior à desejada pela SMA, e esta defende a preservação dos atuns na região.

Uma solução encontrada pelas partes foi a de reduzir o *gap* de percepção, realizando uma busca conjunta de dados e contratando um especialista em gestão marítima, que fosse acadêmico ou um profissional de outro estado, tendo esse especialista uma postura imparcial, comprometido somente com a questão. Foi assinado, assim, um contrato contingencial, no qual ambas as partes assumiriam o risco sobre as condições futuras (que são incertas).

O contrato permitia que os pescadores explorassem a pesca do atum vermelho sob determinadas condições, de forma que os pescadores não ficassem parados durante a realização das pesquisas (busca de dados). As condições poderiam assim ser descritas:

- no primeiro ano: seria liberada a pesca de quatro toneladas de atum vermelho e, no final daquele, seria avaliado o plantel de atuns. Caso a avaliação comprovasse uma disponibilidade de oito toneladas de atum vermelho, os pescadores poderiam passar a pescar oito toneladas por ano;
- no segundo ano: atendendo às condições do primeiro ano, seria liberada a pesca de oito toneladas por ano e, no final daquele ano, seria avaliado o plantel de atuns. Caso a avaliação comprovasse a disponibilidade de 20 toneladas de atum, os pescadores poderiam passar a pescar até 10 toneladas de atum vermelho por ano, e assim sucessivamente.

Conclusão:

O contrato com contingência permite decidir no presente quando existe incerteza, e considera a boa-fé de cada um nas propostas e interesses que estão sendo negociados. Se os pescadores têm tanta certeza de que existem 20 toneladas de atum vermelho na região, eles não deveriam ter problemas em aceitar uma cláusula conservadora; e, se a SMA é pessimista achando que a região tem apenas 10 toneladas de atum, eles não deveriam ter medo de colocar uma cláusula otimista de cota de pesca.

O contrato com contingência permite dividir os riscos, apostando neles; permite trabalhar o elemento tempo quando ele se torna uma fonte de impasse; permite alinhar o lado cognitivo, administrando de forma mais racional a gestão do risco, da informação e da decisão.

Conforme apresentado por Fisher, Ury e Patton (1994:24), "quanto mais extremadas as posições iniciais e menores as concessões, maiores serão o tempo e o esforço despendidos para descobrir se o acordo é ou não possível".

> No caso das relações comerciais entre Brasil e China, os brasileiros se caracterizam por possuir uma abordagem mais pragmática, voltada para o problema e visando a resultados rápidos, enquanto os chineses se preocupam mais com o relacionamento entre as partes, com a aquisição da confiança e de um estudo prévio do caso negociado.
>
> Portanto, os brasileiros devem se preparar para despender mais tempo na etapa de preparação e criação de valor, analisando interesses e desenvolvendo opções.

Temos como exemplos do elemento tempo:

1. *Questões* que devem ser perguntadas pelas partes a fim de dimensionar o planejamento e desenvolvimento das negociações:
   a) De quanto tempo se dispõe para preparar uma negociação e para negociar?
   b) O tempo de que uma das partes dispõe é semelhante ao tempo disponível da outra parte?
   c) A falta de tempo pode facilitar a quebra de um impasse? Ou poderia inviabilizar o melhor resultado de uma negociação?

2. Um *bom resultado* pode ser alcançado por meio de:
   a) contratos contingenciais, vinculando uma ação a outra;
   b) avaliação da produtividade das negociações, que representa tempo e dinheiro;
   c) percepção de risco (atritos, pânico e impressão negativa) difere quando as partes dispõem de diferentes tempos;
   d) a demora no julgamento das ações pelo Judiciário tem um custo muito alto:

   > Justiça é cara para ações de menor valor: estudo mostra que a causa de menos de R$ 500 traz perda financeira para o autor, mesmo que seja vitorioso, levando-se em conta as custas processuais cobradas, o gasto com advogados e o tempo em que o processo tramita até que seja fixada uma sentença. No caso de uma ação de R$ 50 mil, quase 76% desse valor se perderiam ao longo do processo judicial (Estudo realizado pelo Ministério da Fazenda) [*O Globo*, 4 dez. 2005].

A definição de um tempo-limite (*deadline*) obriga as partes a convergirem para um resultado de acordo. Há riscos envolvidos: atritos, pânico e impressão negativa. Uma negociação sem prazo, apesar de permitir mais tempo para a criação de valor, permite aumentar benefícios mútuos. Muitas vezes é importante ir devagar para ir rápido, devagar para conseguir melhores resultados, consertar todas as partes para não haver necessidade de reengenharia e reajuste no futuro.

Qual é o tempo da pessoa? O tempo é diferente para cada indivíduo, para cada empresa e para cada tipo de negócio. Quando se trata de investimentos em bens de capital, como estradas, infraestrutura, grandes maquinários, não se esperam retornos com menos de 25 anos; quando se trata de *commodities*, o prazo de retorno poderá ser estimado em cinco anos.

A visão de dar tempo ao tempo, de que tudo o que você faz com tempo, o tempo respeita significa que se deve verificar o *timming* da pessoa e suas preferências, tais como: desejo de liberdade, agilidade, flexibilidade, compromisso de longo prazo, redução da liberdade e/ou segurança. Todas essas questões estão associadas a maior ou menor disponibilidade do elemento tempo.

Pode-se observar, como exemplo, a dificuldade de conciliar o tempo na cozinha de um restaurante, onde pratos com diferentes cozimentos solicitados por cinco clientes em uma mesma mesa devem sair todos juntos, de forma equilibrada e correta para a mesa dos comensais. Similarmente, uma das maiores dificuldades em negociação é conciliar o *timming* das pessoas, a sincronização e a percepção da velocidade.

Concessão

Conceder significa oferecer à outra parte algo de que dispomos e que seja de interesse dela. A concessão não significa perder poder. Conceder significa ter poder para oferecer algo que seja de interesse para a outra parte. Trata-se de um jogo de estratégia (Dupuy, 1989). Concessão não é fraqueza; pode ser um facilitador para fechamento de um acordo, especialmente, se houver uma reciprocidade de concessão. Refere-se a comprometimento das partes, formulação de compromisso, reciprocidade e colocar-se no lugar do outro.

Cabem as perguntas: O que é conceder? Concessão significa perder? Concessão está associada à reciprocidade? Conceder é tornar-se refém? Conceder é submeter-se? Conceder é perder o poder?

Concessão refere-se a:

- comprometimento das partes;
- formulação de compromisso;
- reciprocidade;
- colocar-se no lugar do outro (empatia).

Para negociar, é necessário que a outra parte possua algo desejável e que nossos próprios objetivos sejam atingidos quando oferecemos algo em troca. A disposição para negociar é uma confissão de necessidade mútua.

A concessão pode ter relação com a ancoragem. Se a âncora for muito distante do que poderá ser acordado, significa que há uma amplitude grande para fazer concessões. Há que se cuidar para que a relação âncora/concessão não seja muito grande, pois, apesar de ser interessante fazer concessões mútuas, se a amplitude da concessão for muito grande, essa diferença poderá representar desconfiança. Tudo que é em excesso torna-se prejudicial. Ancorar com agressividade excessiva pode levar o outro lado a concluir que é impossível entrar em um acordo; ou o outro lado poderá sentir-se insultado com a oferta.

Grandes concessões podem ser interpretadas como indício de uma significativa flexibilidade adicional, e o outro lado pensará que você poderá voltar a ceder muito. Um movimento menor poderá significar que a oferta está próxima do preço, e as concessões, nesse ponto, serão cada vez menores. Não se deve ceder ao impulso de fazer concessões.

As concessões poderão ser menores:

- se a BATNA for forte e se não houver pressa (*tempo*);
- se puderem surgir novos interessados (*players*).

Desejamos que nos achem razoáveis, que gostem de nós (persuasão), o que nos leva a empreender grandes concessões para conquistar.

Desvalorização reativa

As propostas e as ofertas sugeridas pela outra parte tendem a ser desvalorizadas pelo negociador. Negociadores tendem a agir menosprezando a capacidade cognitiva da outra parte, interpretando, muitas vezes erroneamente, as concessões oferecidas pela outra parte.

O valor de uma ideia não depende da ideia em si, mas do indivíduo que a apresenta. Vejamos o exemplo de uma pesquisa desenvolvida em Stanford, conforme apresentado por Bazerman (2004):

> Três grupos de alunos foram apresentados a duas estratégias (A e B) sobre *apartheid*. Foi solicitado que cada grupo escolhesse uma das duas estratégias.
>
> Ao primeiro grupo, informaram que a estratégia A foi a preferida do Conselho Stanford. O resultado da pesquisa indicou que os alunos escolheram a estratégia B (contrária à preferida pelo conselho).
>
> Ao segundo grupo, informaram que a estratégia B foi a preferida do Conselho Stanford. O resultado da pesquisa indicou que os alunos escolheram a estratégia A (contrária à preferida pelo conselho).
>
> Ao terceiro grupo nada foi dito. O resultado da pesquisa indicou que 50% dos alunos escolheram a estratégia A e 50% escolheram a estratégia B (adaptado de Bazerman, 2004).

Conclusão: quanto maior for o desejo de "impor-se ao outro", maior o risco de ser bloqueado/contrariado por ele. Quanto mais nos preocupamos com "nossas" proposições, mais nos arriscamos a ver nenhuma delas acatada pelo outro.

> Em 1814 Napoleão desejava que a imperatriz Maria Luísa deixasse Paris. Para fazê-la sair e sabendo que ela agia contrariamente aos seus desejos (os de Napoleão), ele resolveu então insistir para que ela permanecesse na cidade. Como resultado, a imperatriz Maria Luísa saiu de Paris.

Excesso de confiança e dificuldade de conceder

O negociador que tem confiança excessiva acredita que sabe tudo, que sabe a solução, que sabe o que tem de ser feito e o que o outro deveria fazer. Na verdade, ele superestima sua performance.

Como isso se manifesta?

- reflexos acusatórios (pessoas): a culpa é sempre do outro, que deve admiti-la, mesmo que para isso o relacionamento fique prejudicado. Gera tensão;
- reflexos posicionais (problemas): "Existe apenas uma solução e é a minha". Há uma falta de consideração pelos desejos dos outros;

- colocar-se como líder no que tange ao processo: "Sei mais do que os outros e devo decidir o desenrolar da negociação".

O excesso de confiança pode levar a comportamentos intransigentes, a menores concessões e a acordos não colaborativos nas negociações.

O excesso de confiança pode ser benéfico em algumas situações, como "se garantir" ao se aventurar em empreendimentos ou inspirar respeito e confiança nos outros. Mas também o excesso de confiança conduz a um posicionamento arrogante que gera uma barreira, muitas vezes intransponível, para a tomada de decisões profissionais efetivas.

> Um líder deve criar uma cultura de dúvida, sabendo escutar as minorias, que podem ver diferentes da maioria e, ao mesmo tempo, ter razão.

Na concessão, há também a ideia de doação. Doar pode ser um prazer e não custa, não gera inveja. A noção de doar vem com a concessão e pode ser um sacrifício se for unilateral. Quando associada a uma causa maior, está associada a uma generosidade. Não fazer concessões pode estar ligado à falta de opções.

Relacionamento

Esse elemento trata de como as partes se relacionam. Qualquer negociação, tendo ou não alcançado um acordo, busca manter o relacionamento em boas condições, "não se deve fechar uma porta". Um bom relacionamento é uma das chaves para o sucesso da negociação. Não é preciso que as partes gostem umas das outras, nem que tenham os mesmos interesses; devem prevalecer o respeito e a integridade.

Em uma negociação as partes conversam muito entre si, sobre diversos assuntos que as ajudam a se conhecer melhor. Pesquisas indicam que cerca de 95% do tempo da negociação (criam-se laços, credibilidade, confiança) são despendidos com conversas, e a negociação propriamente dita só ocorre ao longo de 5% do tempo. Trata-se de um investimento realizado no tempo e que traz ótimos resultados.

Fazer acordos não significa fazer amigos, mas há que se preocupar com a manutenção do relacionamento. À medida que a negociação se aproxima dos parâmetros que interessam ao acordo final, sinalize. Se seu interlocutor não tiver autoridade final, reserve um espaço de manobra nos termos finais.

Um bom relacionamento e a construção de um ambiente amistoso facilitam a troca de informações, a identificação de interesses, a criação de valor, de opções e de alternativas. Deve-se buscar "entrar na frequência" do outro, o que gera credibilidade. Devemos nos relacionar antes de racionalizar; o relacionamento antecede o negócio.

Na etapa de criação de valor, deve-se privilegiar a análise da situação e das pessoas, ser afável, partilhar preocupações, sugerir soluções, respeitar as diferenças, dar espaço aos outros e elogiar. O elogio derruba barreiras e faz com que a outra parte fique mais aberta a ouvi-lo e a barganhar no ganha/ganha.

Durante a etapa da distribuição de valor, as tensões costumam ser maiores e mais intensas, desgastando bastante o relacionamento e alterando o comportamento dos participantes. Deve-se cuidar do relacionamento.

A conclusão dos acordos e a satisfação com os resultados obtidos podem estar diretamente ligadas à qualidade do relacionamento entre as partes.

Atualmente, nas organizações, há uma redução dos níveis hierárquicos, gestão por projetos, criação de unidades de negócios, organização matricial servidos por sistemas de informações integrados. Nesse contexto, desconcentram-se as informações, amplia-se a rede de relacionamentos, exigem-se negociações entre diversas áreas. Todos esses fatores colaboram para a ampliação dos conflitos.

É importante saber que:

- o excesso de cobiça implica perder transações valiosas no futuro;
- fazemos ofertas hoje, na perspectiva de obter retorno em outra oportunidade;
- a confiança reduz o custo de monitoramento da execução do acordo;
- um bom relacionamento modera as tentativas extremas de exigir valor.

As concessões acabam sendo maiores para os clientes mais difíceis e menos valorizados, pois há sempre uma esperança de que o relacionamento melhore, o que pode ser uma armadilha. Ambos devem ganhar ou perder juntos.

Em resumo:

- um relacionamento sólido gera confiança, e as partes compartilham informações mais livremente. Os acordos tornam-se mais criativos e valiosos e há uma maior disposição para trabalhar junto;

- um relacionamento ruim gera desinvestimento em tempo e esforço no processo de negociação, desconfiança e retenção de informação, e há necessidade de maior cautela na comunicação.

Para manter o equilíbrio no relacionamento:

- crie confiança com palavras e atos em harmonia. Não assuma compromissos que não possa cumprir; reconheça e respeite os interesses fundamentais da outra parte;
- comunique seus interesses, recursos e preocupações às outras partes;
- reconheça e enfrente rapidamente os erros, que são inevitáveis;
- solicite um *feedback*. Não suponha o que a outra parte esteja pensando, tome a iniciativa de trazer o problema à tona. Pergunte: "Tudo está acontecendo conforme o esperado?".

É importante compreender que três segundos são necessários para se decidir um voto no Congresso norte-americano; que uma fração de segundos faz com que "escaneemos" uma pessoa desconhecida que entra em um ambiente; o relacionamento cortês, a atenção e a gentileza de um cirurgião podem decidir se, a um erro médico, o paciente o processará ou não.

Segundo Hal Movius (2017), o indivíduo confiante poderá melhorar e acelerar os resultados de uma negociação. Hal Movius define, assim, as características de indivíduos confiantes e não confiantes. Veja a seguir o quadro 9.

Quadro 9
O que significa ser confiante?

Confiante	Não confiante
Engajado	Desviante
Calmo e focado	Nervoso e distraído
Claro, transparente	Confuso e ambivalente
Falante: assertivo	Tem medo de falar
Sabe o que fazer	Não tem certeza do que fazer
Monitora a situação	Monitora seus pensamentos e sentimentos
Elabora boas perguntas	Teme fazer perguntas
Otimista: vê possibilidades de bons resultados	Vigilante: não espera bons resultados
Olha para frente buscando aprender com a interação dos outros	Teme ser dominado e ser explorado pelos outros
Age	Reage

Fonte: Movius (2017:11).

A profa. Amy Cuddy (2012), em sua palestra TED, mostra a importância da linguagem corporal e o controle do metabolismo hormonal.

Como Daniel Goleman e Dalai Lama (2003) em seu livro *Como lidar com emoções destrutivas*, a profa. Amy Cuddy mostra a importância do sorriso, da empatia, do bem-estar e das emoções positivas. Isso revela a mudança de paradigma apresentada pelo prof. Martin Seligman na área de psicologia positiva que, por exemplo, apresenta mesas de negociações mais calmas quando o ambiente foi criado tendo em vista ergonomia, salas de reuniões mais encantadoras, lojas ou hospitais com cores mais aconchegantes, ou seja, em locais onde as pessoas experimentam sensações agradáveis.

O mundo empresarial deve seduzir o cliente, o cliente interno, o acionista e, para isso, precisa cuidar do relacionamento, das palavras, das atitudes verbais e não verbais. Cada vez mais, estudantes, empresas, funcionários públicos insistem em trabalhar a mentalidade, o modo de se relacionar e de garantir as habilidades de simpatia, integridade moral e elegância moral. A nova forma de negociar transforma o estilo de negociar duro, fechado e estressado para dar lugar ao prazer do debate, da franqueza amistosa, da confiança e do relacionamento de longo prazo, fidelização. Os resultados das negociações são muito melhores.

Poder

Na maioria das negociações há uma assimetria de poder e a tendência é buscar um equilíbrio. Como buscar um equilíbrio? Em negociações entre duas pessoas, utiliza-se a teoria dos jogos, como exemplificado no "dilema dos prisioneiros", já apresentado. Nas negociações multipartites, deve-se verificar as possibilidades de coalizões e definir uma BATNA. Quanto mais interessante e forte for a BATNA, mais poder você terá na negociação. No caso de se possuir uma BATNA fraca, há o risco de se tornar "refém" da outra parte no processo de negociação. Há também elementos vinculados às "aparências de poder" (deixar a outra parte esperando, "fazer-se de importante", ostentar símbolos de poder etc.) que fazem com que a outra parte se sinta diminuída, levando-a a fazer um acordo ruim para ela e ótimo para o "poderoso".

Há também o poder psicológico, representado por manipulações (ameaças) até mesmo quando há uma aparente falta de poder. O poder não tem valor, a menos que você o utilize para obter uma vantagem. O poder não é ruim, mas abusar dele é péssimo.

> Se você tem a habilidade de influenciar a outra parte e o resultado de uma negociação, você tem poder.

Negociadores avaliam se possuem mais ou menos poder com base não só nas suas próprias alternativas como também nas alternativas da(s) outra(s) parte(s).

A cooperação é uma forma de poder, por exemplo, ao se trabalhar com os outros para fazer algo que não se consegue fazer por conta própria; no aprendizado de escutar o outro com atenção e na capacidade de dialogar, em oposição a debater ou discutir.

> **Poder advindo da cooperação**
>
> *Primavera Árabe*: movimentos de massa nos quais as pessoas cooperavam em rede, formando grandes multidões. A grande quantidade de pessoas juntas foi a *força*/o *poder* deste movimento.
>
> *Movimentos occupy*: movimentos de 200 a 300 pessoas, apoiados na persistência e na resiliência em provocar uma conscientização no público. Eram cerca de 200 a 300 pessoas dormindo juntas no parque, onde criaram laços sociais que permitiram que perseverassem.
>
> *Demonstrações de longo prazo*: dão às pessoas a força para continuar a tentativa de despertar o público.

Negociadores poderosos estão mais inclinados a fazer a primeira oferta (ancorar) do que os negociadores mais "fracos". Os negociadores poderosos são mais persistentes, custam a concordar quando confrontados com obstáculos e buscam metas mais agressivas. Se eles têm algo a ganhar, dificilmente aceitam um impasse. Sua assertividade não só produz ganhos, mas lhes permite descobrir mútuos benefícios, que podem ser trocados, trazendo vantagens para as duas partes (veja perfil autoritário).

Táticas de negociações

É importante conhecer as diversas táticas utilizadas em muitos processos de negociação, para não ser apanhado de surpresa. Conhecê-las facilita desarmá-las e neutralizá-las. Apresentamos, a seguir, algumas táticas mais utilizadas.

- O gentil e o mau (*good cop and bad cop*)
  Dois agentes conduzem a conversa com um terceiro. Um dos agentes desempenha o *papel de gentil*, paciente, educado, compreensivo, buscando empatia com a outra parte e tentando controlar o agente agressivo; o outro agente desempenha o *papel de mau*, sendo agressivo, não conciliador, rígido e muito crítico com seu par (colega).

  O agente que faz o papel de mau abandona a negociação, para pressionar, demostrando desinteresse, de forma que o terceiro fique face a face com o agente gentil, que aproveita a oportunidade da ausência do agente mau para propor um acordo.

- Ducha escocesa
  Um agente apresenta-se a um interlocutor desempenhando dois papéis, simultâneos e intercalados. Em um momento apresenta-se agressivo, imprevisível e irritado; em seguida, esse mesmo agente mostra-se também aberto e compreensivo.

  A imprevisibilidade tem como objetivo desestabilizar e fragilizar o interlocutor. Essa técnica é utilizada para negociações de longo prazo, quando o agente pressiona, apresenta opções pesadas e age estressando o interlocutor. Em seguida, o agente apresenta uma opção mais leve e de seu interesse. Comparativamente, a opção mais leve, diante das opções pesadas e anteriores, será a melhor. Conhecemos essa tática pela expressão "morde e assopra".

- Cortina de fumaça
  Uma das partes esconde o verdadeiro objetivo de seus interesses, não deixa transparecer sua demanda e ainda formula demandas que não tenham relação com o verdadeiro desejo. Dessa forma, ela cria uma "nuvem de fumaça", mudando o foco da questão principal para uma questão secundária. Ela cansa o interlocutor com as questões secundárias e, posteriormente, já no final, apresenta sua real demanda. Sendo essa real demanda apresentada no final, depois de já terem sido aceitas ou rejeitadas as questões "secundárias" pela outra parte, ela se afigura como uma concessão, aumentando as chances de aceitação, que se dará por culpa de já ter rejeitado inúmeras questões ou por já ter aceitando muitas questões "secundárias", chegando o momento de conceder à outra parte uma demanda.

  Deve-se conhecer bem o interlocutor, as reações, os egos, as expectativas para antecipar as reações. Essa tática foi muito utilizada durante a Guerra Fria, por russos e americanos.

▼

Exemplo:

Uma indústria têxtil (IT) deseja exclusividade de uma tinta para seus tecidos. E há uma negociação com um fornecedor de tintas:

IT: pede cotação de preço para uma determinada demanda de tintas, inferior à real.

Fornecedor: cota um valor alto, dada a quantidade solicitada.

IT: solicita desconto sobre o valor informado.

Fornecedor: oferece como condição para reduzir o preço que o cliente adquira uma quantidade maior de tintas.

IT: aumenta o pedido e, em contrapartida, solicita, em função da quantidade, a exclusividade.

- Vantagem futura

Oferta de uma oportunidade futura em troca de uma vantagem imediata, como se fosse trocar algo concreto por promessas. Essa tática não pode ser utilizada em uma perspectiva de médio e longo prazos, pois a reação pode significar abuso de confiança. É necessário se ter o exato conhecimento do que poderá ser afetado.

- Desvalorização da oferta

Uma das partes menospreza a oferta da outra parte, mostrando que não é interessante, mesmo quando comparada com a dos concorrentes.

Para que essa tática seja utilizada, será necessário, antes do início da negociação, que uma das partes discorra sobre os defeitos e sobre os problemas do objeto a ser negociado, de forma a depreciá-lo. A outra parte, que detém o objeto, diante da depreciação do mesmo, rejeitará qualquer negociação ou flexibilizará em muito as condições. Há que se ter o cuidado para não ferir a outra parte e deve-se mostrar que a posição não é pessoal.

Pode-se ensaiar um discurso em forma de desinteresse ou de irritação, cujo objetivo é desestabilizar ou instaurar um jogo de forças.

- Desvalorização da pessoa

Coloca-se a outra parte em uma posição de desvantagem, inferiorizada e reprimida com ações tais como: deixar o interlocutor esperando e/ou acomodá-lo em local pequeno e desconfortável e/ou atendê-lo de forma seca, e/ou interromper a conversa com ligações "importantes".

- Jack, o estripador

Essa estratégia é utilizada quando se "fatia" questão muito grande em pequenas partes, para melhor decidir ou negociar cada fatia individualmente. Se não se consegue resolver o todo, por que não se pode resolver cada uma das partes?

Quando a exigência é cortada em pequenas fatias, as concessões não "chamam atenção", passam despercebidas e, assim, aparentam ser irrelevantes, individualmente.

- *Ultimatum*

  Apressar o resultado de uma negociação pode gerar estresse, reduz o tempo para criar opções e valores na negociação. Trata-se de uma técnica bastante autoritária.

  O *ultimatum* aparece como um resultado de uma discussão dura e intransigente sobre um ponto-chave, porém não convém mostrar-se ríspido ou agressivo quando se trata de propor um prazo.

- Leilão

  O leilão é utilizado, na maior parte das vezes, por grandes empresas. Estas reúnem os fornecedores para ofertarem seus produtos e concorrerem entre si. Uma das formas de leilão mais disputadas, é o leilão reverso, quando o "relógio dos valores" é acionado com valores mais altos. O lance é dado parando-se o "relógio" em uma competição de menores preços para o comprador. O comprador tem de saber lidar com própria ansiedade, pois, ao parar o relógio com um lance, ele paga um valor mais alto do que se tivesse esperado mais um pouco. Por outro lado, esperar pode significar a perda de oportunidade, pois um concorrente poderá "parar o relógio". *Sites* da internet permitem fazer leilões, comparar preços e pesquisar as melhores ofertas.

- Ataques individuais

  Ocorrem quando a empresa, ao receber cotação de todos os fornecedores, contata um dos fornecedores para anunciar o preço dos concorrentes e barganhar uma posição melhor. Há uma desvantagem: a possibilidade de blefe do comprador e pressão sobre o fornecedor.

  Há também o "desvio" em oferecer um produto mais customizado, atendendo aos interesses do comprador, diferenciando-se dos demais fornecedores, criando uma dificuldade para o comprador comparar preços, ou induzindo a compra de um específico produto de um fornecedor específico.

- Ficar calado

  Diante do silêncio prolongado, uma das partes busca preencher o vazio. Ao falarem, as partes informam e demonstram seus interesses. Há uma enorme dificuldade em ficar calado, diante do vazio, do silêncio.

- Salame

  Dividir, "fatiar" um problema maior em pequenos problemas. Muitas vezes é mais fácil negociar pequenas partes do que negociar um montante significativo. As pequenas concessões são menos dolorosas. Por exemplo, o estado aumenta 3% no imposto de comunicações, 5% sobre a água, 4% sobre a eletricidade. No final, houve um aumento significativo de arrecadação, sem que se tivesse de anunciar um aumento de 12% como um todo.

Conformidade legal

O elemento *conformidade* refere-se à legitimidade dos contratos necessária à viabilização de um acordo, observando-se as leis e a estabilidade dos órgãos reguladores, responsáveis por legislar sobre o assunto, estabelecer regras e constituir-se um foro de discussão.

A análise da conformidade compreende, para além dos contratos, todo o ambiente no qual a negociação deve ser realizada, a fim de que a implementação e a sustentação dos acordos possam ser asseguradas.

As negociações realizadas em ambientes que apresentam baixo grau de conformidade irão incorporar custos mais altos, associados ao risco assumido e às poucas garantias de cumprimento.

Devem ser realizadas ações específicas de consultas à legislação e aos advogados especialistas para verificar a legalidade e as implicações das iniciativas.

6
Formas de negociação

A matriz de negociações complexas sintetiza as etapas do processo de negociação, os elementos, formas de negociar e indicadores.

O quadro 10 apresenta as 10 formas de negociação, considerando sua distribuição em dois grupos, dependendo da autonomia das partes em determinar como desejam negociar e qual(is) resultado(s) deseja(m) alcançar. Independentemente da forma de negociar, espera-se que as partes tenham bem definidos seus interesses e o objeto da negociação.

Quadro 10
Formas de negociação

	Formas de negociação
Baseadas em interesses	Direta
	Agentes
	Facilitador
	Mediador
	Metamediador
	Informais paralelas
	Multipartite
	Arbitragem
Baseadas na lei	Judicial
	Força policial

Fonte: Spinola, Brandão e Duzert (2011).

Nas oito formas de negociação baseadas nos interesses, há um elemento comum, que é a autonomia das partes para negociar. A gestão do processo de negociação está sob inteiro controle das partes. Não há qualquer interferência de terceiros sobre os resultados; as partes têm total liberdade para decidir se aceitam ou não o acordo e como irão conduzir o processo.

Nas duas formas de resolução de conflitos baseada nas leis, via Justiça ou pela força policial, há um enfraquecimento para a negociação, uma vez que a liberdade e a autonomia abrem espaço para a decisão de um terceiro, seja um juiz, seja um mandado policial. Nesse momento, não há mais negociação, não há mais a possibilidade de interferência das partes no processo, mas um terceiro irá definir um veredicto, a despeito da participação das partes. Uma sentença não resolve o conflito entre as pessoas; na verdade, posterga-o.

Negociação direta

Trata-se de uma negociação entre as partes em que os interessados tratam diretamente com a outra parte, sem intermediários (mediadores, agentes, facilitadores), a fim de defender seus interesses e chegar a um acordo.

Na negociação direta é fundamental:

- *separar* as pessoas do problema;
- voltar a atenção para os *interesses* e não para as posições;
- *criar* uma variedade de possibilidades antes de decidir o que fazer;
- insistir para que o resultado tenha por base algum *padrão objetivo*.

Negociação via agentes

Agentes possuem seus próprios interesses sobre o fato negociado e, por vezes, os indicadores ou metas para mensuração de seu resultado ou do êxito de sua atuação podem diferir dos parâmetros e resultados da negociação. Os agentes são procuradores, representantes, quaisquer indivíduos que sejam mandatários e que representem o principal (Mnookin e Susskind, 1999).

Sua forma de atuação não se dá por meio da neutralidade, pois, como representam uma das partes, agem por ela ou no lugar dela.

Os agentes possuem importância e agregam valor quando possuem conhecimentos específicos sobre o objeto negociado ou sobre o ambiente em que a negociação se desenvolve.

Negociação via facilitador

Os *facilitadores* são pessoas que têm a habilidade de gerenciar encontros e conversas entre partes que estão em litígio. Fazem seu trabalho frente a frente com as partes.

O facilitador deve apresentar-se com imparcialidade, não possuindo autoridade para decidir pelos grupos envolvidos na negociação. São suas responsabilidades:

- desenvolver as agendas de reuniões;
- estabelecer padrões e regras de conduta para preservar o relacionamento entre as partes;
- garantir a fluidez nos encontros, estabelecendo canais de comunicação;
- fomentar a interação a fim de conduzir às soluções para a construção do acordo.

Negociação via mediador

Na década de 1970, nos Estados Unidos da América, a administração do presidente Jimmy Carter impulsionou a criação de centros de mediação comunitária.

O objetivo desses centros era oferecer uma alternativa aos tribunais, permitindo aos cidadãos reunirem-se e procurarem uma solução para a questão que ali os levava. Estes programas, que tiveram enorme êxito, estenderam-se a todo o país e, um pouco mais tarde, a todo o mundo.

O que é mediação?

De acordo com o Conselho Nacional de Justiça (CNJ, s.d.):

> A Mediação é uma forma de solução de conflitos na qual uma terceira pessoa, neutra e imparcial, facilita o diálogo entre as partes, para que elas construam, com autonomia e solidariedade, a melhor solução para o problema. Em regra, é utilizada em conflitos multidimensionais ou complexos. A Mediação é um procedimento estruturado, não tem um prazo definido, e pode terminar ou não em

acordo, pois as partes têm autonomia para buscar soluções que compatibilizem seus interesses e necessidades.

No Brasil, adota-se a conciliação, como uma variante da mediação, que é um método mais simples,

no qual o terceiro facilitador pode adotar uma posição mais ativa, porém neutra com relação ao conflito e imparcial. É um processo consensual breve, que busca uma efetiva harmonização social e a restauração, dentro dos limites possíveis, da relação social das partes.

As duas técnicas são norteadas por princípios como informalidade, simplicidade, economia processual, celeridade, oralidade e flexibilidade processual.

Os mediadores e conciliadores atuam de acordo com princípios fundamentais, estabelecidos na Resolução n. 125/2010: confidencialidade, decisão informada, competência, imparcialidade, independência e autonomia, respeito à ordem pública e às leis vigentes, empoderamento e validação.

[...]

No dia 3 de maio de 2016, o CNJ lançou o sistema de Mediação Digital que permite acordos, celebrados de forma virtual, de partes do processo que estejam distantes fisicamente, como, por exemplo, entre consumidores e empresas. O sistema facilita a troca de mensagens e informações entre as partes, que podem chegar a uma solução. Esses acordos podem ser homologados pela Justiça, se as partes considerarem necessário. Caso não se chegue a um acordo, uma mediação presencial será marcada e deverá ocorrer nos Centros Judiciários de Solução de Conflitos e Cidadania (Cejuscs), criados pela Resolução CNJ n. 125 [CNJ, s.d.].

Lei nº 13.140, de 26 de junho de 2015

A Lei nº 13.140/2015 dispõe sobre a mediação entre particulares como meio de solução de controvérsias e sobre a autocomposição de conflitos no âmbito da administração pública. O parágrafo único do art 1º define mediação como:

a atividade técnica exercida por terceiro imparcial sem poder decisório, que, escolhido ou aceito pelas partes, as auxilia e estimula a identificar ou desenvolver soluções consensuais para a controvérsia.

Ainda, de acordo com a Lei nº 13.140/2015:

Art 2º. A mediação será orientada pelos seguintes princípios:
I – imparcialidade do mediador;
II – isonomia entre as partes;
III – oralidade;
IV – informalidade;
V – autonomia da vontade das partes;
VI – busca do consenso;
VII – confidencialidade;
VIII – boa-fé.

Escola Nacional de Mediação e Conciliação (Enam)

Em 2014, foi criada a Escola Nacional de Mediação e Conciliação (Enam), com o objetivo de facilitar o acesso à Justiça, difundir técnicas de resolução extrajudicial de conflitos, formar mediadores e conciliadores para trazer soluções mais harmônicas aos conflitos, criar a cultura da mediação e conciliação para evitar que novos processos entrem na Justiça, liberando os juízes para atuar em processos que necessitem efetivamente da sua presença.

Características do mediador

Com base na experiência dos autores e em Moore (1996), elencamos as principais caraterísticas que o mediador deve possuir:

- o mediador caracteriza-se por ser uma pessoa que ajuda as partes principais a chegarem, de forma voluntária a um acordo, mutuamente aceitável, das questões em disputa;
- o mediador não tem poder normativo, deve possuir uma cultura de debates, de entendimentos, de atualização e de revisão de posições;
- o mediador não resolve o problema, nem impõe solução: sua função é auxiliar as partes a buscar o melhor caminho e fazer com que estejam de acordo, depois de encontradas as soluções;

- o mediador tem controle do processo, mas não dos resultados.
- o mediador deve fazer simulações mentais, ver as dimensões ocultas, usar metáforas para superar impasses, resistências e barreiras cognitivas, improvisar, aliar padrões, detectar anomalias e saber reconhecer e gerar um clima de simpatia e confiança.

No desenvolvimento da sua atividade, o mediador deverá compartilhar informações relevantes, explicar os raciocínios, manter o foco nos interesses, e não nas posições, combinar defesa e pesquisa por meio de procura conjunta de dados (PCD), mapear os interesses dos participantes, manter-se neutro, formatar uma descrição consensual do conflito, oferecer desempenho atrativo, convidar sem impor.

Deverá também preparar a documentação sobre a natureza do conflito, entender as opções e antecipar os possíveis cenários de resolução, organizar e definir as regras gerais e os valores para programar um ambiente cooperativo e consensual (Susskind, Cruikshanl e Duzert, 2008).

Construir confiança e compartilhar informações, fazer perguntas e sugerir múltiplas ofertas simultaneamente são ações que facilitarão a criação de valor pelo mediador.

Metamediação

A metamediação é executada por pessoa e/ou organização que constrói os referenciais políticos e as visões de mundo comuns a um sistema social.

Os metamediadores têm papel estratégico no sistema de decisão, já que formulam o conjunto de referenciais do eixo das negociações e atuam nos conflitos e alianças que direcionarão as negociações. Possuem também o poder de recomendação para a melhoria das posições.

> **Caso CDES**
>
> Na era Lula, em 2003, foi criado o Conselho de Desenvolvimento Econômico e Social (CDES) para permitir, de forma concreta, que a sociedade civil participasse do processo para a tomada de decisão, no âmbito das reformas legislativas previdenciária, tributária e trabalhista.

FORMAS DE NEGOCIAÇÃO

▼

> O CDES era uma agência de assessoramento do presidente da República, integrada por diversos segmentos da sociedade civil, com um secretário executivo, com *status* de ministro de Estado.
>
> Seu principal objetivo era buscar o consenso sobre importantes questões do país e igualmente servir como um órgão consultivo da Presidência da República.
>
> Na condução das negociações complexas, o mediador do CDES construiu um elo de confiança com 90 conselheiros do presidente, criando uma atmosfera de diálogo, inspirando valores-chave, como o respeito, e não permitindo críticas pessoais.
>
> [...]
>
> O CDES corresponde a um órgão de metamediação que engloba múltiplos mediadores dentro de um mesmo espaço e visa, por meio do consenso, estabelecer um maior número de regras equitativas e satisfatórias.
>
> O metamediador facilita o trabalho do presidente da República e do Congresso, discriminando todos os interesses e pré-selecionando um conjunto de possibilidades de equilíbrio para cada indivíduo e para a sociedade como um todo.
>
> O CDES, como metamediador, pode atuar como guardião da racionalidade do mediador (cada conselheiro), como o escriba da racionalidade dos mediadores e dos cidadãos, como catalisador da racionalidade social. A metamediação se consolida, portanto, como um instrumento de gestão híbrida entre um modelo de julgamento arbitrário do Estado e um modelo de negociação mais suave (preventivo) interno da sociedade civil (adaptado de Duzert, 2007:71-79).

Negociação informal paralela

As negociações informais paralelas são realizadas por representantes não oficiais que discutem entre si, buscando elementos para um acordo enquanto as hostilidades permanecem, muitas vezes, no âmbito dos representantes oficiais.

As partes atuam informalmente, agilizando as questões a partir de *workshops*, com ênfase em *brainstorming*, e na busca de solução de problemas.

Os representantes estão livres para ouvir os outros, perceber como o mundo observa os pontos de vista das outras partes e, também, explorar opções que os negociadores oficiais não consideram.

Diálogo multipartite (DMP)

Processo atualmente utilizado pelas Nações Unidas e por organizações multilaterais, na busca do desenvolvimento de conversações entre representativos grupos de interesse.

Os objetivos do DMP referem-se à construção do relacionamento, reunião e troca de informações, e construção de consenso, sendo este último o mais ambicioso. Assim, o diálogo multipartite é um processo que auxilia a organização de uma governança colaborativa.

A construção de consenso deve ser buscada entre os participantes e ele é alcançado quando todos os participantes concordam que poderão se satisfazer com o pacote de resultados que foi definido pelas partes.

Para que as negociações multipartites prosperem, deve-se estruturar corretamente a estratégia das coalizões, construindo alianças para ampliar o poder de barganha.

> **A Organização Mundial do Comércio (OMC) (2018)**
>
> A OMC iniciou suas atividades em 1º de janeiro de 1995 e, desde então, tem atuado como a principal instância para administrar o sistema multilateral de comércio.
>
> A organização tem por objetivos estabelecer um marco institucional comum para regular as relações comerciais entre os diversos membros que a compõem, estabelecer um mecanismo de solução pacífica das controvérsias comerciais, tendo como base os acordos comerciais atualmente em vigor, e criar um ambiente que permita a negociação de novos acordos comerciais entre os membros.
>
> Atualmente, a OMC conta com 160 membros, sendo o Brasil um dos fundadores.

Arbitragem

Num processo de arbitragem, cada parte apresenta sua posição para um árbitro, que, por sua vez, estabelece regras a respeito das questões envolvidas.

O acordo arbitral só precisará ser levado a juízo caso não seja cumprido espontaneamente pelas partes.

Para contratos comerciais, a arbitragem aparece como alternativa eficiente ao oferecer menores custos, menor prazo para apresentação de sentença, profissional especializado e preparado escolhido pelas partes, sigilo e confidencialidade.

Juiz: o poder legal

A resolução dos conflitos é "alcançada" com a aplicação das leis, de forma que o processo de criação de valor é suprimido e o juiz exerce o papel de autoridade máxima, responsável por determinar o resultado final da disputa. Dessa forma, as partes perdem a liberdade e a autonomia de decidir sobre a resolução do conflito, deixando a decisão a um terceiro.

Polícia e força militar

Essa forma de negociação é a de maior coerção para as partes. Há o uso da força para o atendimento da solução e uma das partes, irremediavelmente, sairá perdendo (Mnookin, 2009). A implementação da força expõe possibilidades de retaliações e ameaças, devendo-se observar os riscos e as consequências dessas abordagens. O conflito não se resolve, tanto quanto não se resolve o conflito via Judiciário. Amplia-se e posterga-se o conflito.

A utilização da força pode promover uma escalada do conflito, de forma que o objetivo principal, que é a defesa dos interesses, acaba sendo subavaliada.

7
Indicadores

Complementando a Matriz de Negociações Complexas (MNC), os indicadores são métricas qualitativas e quantitativas que se deseja alcançar no processo de negociação. Na verdade, esses indicadores perpassam todo o processo. A seguir destacaremos os indicadores.

Satisfação/racionalidade

Busca-se identificar se interesses iniciais foram atendidos com a negociação. Pode-se considerar também se um novo raciocínio ou novo objetivo, fruto do aprendizado com a outra parte, foi incorporado trazendo satisfação. Algumas vezes, as pessoas avaliam um acordo como satisfatório sem perceber que poderia haver um resultado ainda mais satisfatório. Realizar um *benchmarking* com outros acordos similares poderia orientar as partes a conhecerem outras possibilidades.

Por exemplo, os indivíduos podem avaliar que um acordo 4/4 é satisfatório, porém se souberem que outras negociações similares fecharam acordos 10/10, eles poderão perceber que ficaram restritos a um viés de julgamento (heurística) ou à racionalidade limitada, em vez de criar valor. Outro exemplo seria a utilização de uma plataforma digital (repositório de informações) que reúna informações para consultas e troca de experiências, comparada a outros acordos que facilitem a racionalização dos processos.

Controle

Há necessidade de definição de métricas que facilitem o controle do acompanhamento e implementação dos acordos firmados, o que é fundamental para o sucesso. Um contrato deve refletir os acordos e definir multas e recursos, caso o acordo não esteja sendo cumprido. Muitos acordos são apenas intenções, que não são, de fato, levadas a efeito.

Risco

Avaliação do risco do acordo e do perfil dos negociadores – de aversão ou de propensão ao risco – é determinante na ousadia de enfrentamento da incerteza. Os negociadores podem, por exemplo, identificar os riscos financeiros, mas não identificar os riscos técnicos ou jurídicos. Por isso, é fundamental uma cultura de governança colaborativa, um facilitador que harmonize as diferentes linguagens da empresa, para considerar todos os diferentes setores, em que cada um detém sua informação e percepção do risco. Não existe preço justo sem avaliação criteriosa do risco.

Otimização econômica

Buscam-se resultados que minimizem desperdícios. Busca-se ver se todos os interesses foram atendidos, conhecer o valor de cada interesse, o custo de cada interesse e, assim, avaliar, por meio da teoria dos jogos, ou por análise do faturamento, ou da contabilidade de custos, se o contrato é rentável e próximo dos objetivos iniciais. Caso não seja aderente aos objetivos iniciais preconcebidos, uma vez que o aprendizado com o outro permite revisar, atualizar e modificar os objetivos, a direção poderá tomar um rumo diferente, que seja mais inteligente.

Ética

É a base para nossas ações, conduta e relacionamento. O pensamento de longo prazo, o cuidado com a satisfação do cliente interno, do acionista, do cliente externo, com a sustentabilidade das decisões faz com que as empresas com alta rentabilidade pensem no longo prazo. A ética da transparência, do modo de tratar as pessoas, de ser um cidadão que harmoniza o interesse privado e o bem comum é a base da confiança. A ética é um conceito para além de respeitar as leis e os códigos tradicionais. Por exemplo: Nelson Mandela, que discordava da Constituição da África do Sul, a qual legalizava o racismo do *apartheid*, entendeu que um ato ético seria o de lutar contra uma legislação arcaica ou de tradições obsoletas.

Justiça/equidade

Os resultados têm de ser justos para todos os envolvidos, sem que haja ganhadores ou perdedores. Um acordo negociado tem a anuência das partes, porém, para ter valor jurídico e ser implementado, precisa ser validado após análise jurídica, de forma que o que for acordado se ajuste à legislação e a respeite.

Produtividade

Diante da escassez de recursos, deve-se conseguir obter o máximo de resultados com os recursos existentes, atendendo sempre aos indicadores elencados (ética, justiça, otimização etc.). A transformação digital, com plataforma de compartilhamento de experiências, permite acelerar o processo para um acordo sem ter de "reinventar a roda". Cada vez mais, os leilões eletrônicos, o comércio eletrônico, as plataformas *ring* (Duzert, 2017) de compartilhamento de experiência entre vendedores da empresa ou compradores da mesma empresa, permitem tornar mercados mais líquidos e acelerar a produtividade, na criação de acordos ou na resolução de conflitos. A mediação é também um mecanismo que permite uma resolução de conflitos de forma mais rápida do que quando a questão é enviada ao Judiciário.

Emoções

As negociações refletem nossos comportamentos, que são balizados pelos sistemas 1 e 2 – razão e emoção. Como você se sente no final da negociação? Feliz, triste, enganado, humilhado, enojado ou otimista, raivoso ou pacificado, medroso ou confiante? Todas essas emoções impactam seu futuro relacionamento com o interlocutor com quem você negociou. É fundamental tentar sair de uma negociação com emoções positivas (Seligman, 2004) e ver as concessões não como sinal de fraqueza, mas, muitas vezes, como sinal de bondade (Goleman, 2005).

Impacto e sustentabilidade

Compromisso com o meio ambiente e respeito ao próximo. Uma busca conjunta de dados, um relatório de impacto ambiental consiste em compartilhar o resultado com um especialista neutro ou um agente do setor público, para verificar se o acordo respeita o meio ambiente, o espaço em que vivemos, pois o futuro dos negócios deve ser projetado para 10/20 ou mais anos. Por exemplo, no projeto para a implantação de uma fábrica em uma determinada região, faz-se necessário negociar e analisar, juntamente com a comunidade e com os agentes públicos, o impacto que o projeto causará na região. Dever-se-á buscar, conjuntamente, uma solução para os efeitos perversos.

Auto-organização

Devemos ter a consciência de que a todo instante estamos nos transformando, adquirindo novos conhecimentos, e todo o contexto se reorganizará em função dessas mudanças. O fato de vivenciar uma experiência já nos faz diferentes do que éramos. Por exemplo, assistir uma aula, vivenciar uma discussão, compartilhar experiências nos modificam, e passamos a ser diferentes com essa experiência acumulada.

A inteligência é capaz de se adaptar às mudanças de contextos – mudanças no preço do petróleo, mudanças no padrão do aluguel no bairro e tudo que pode justificar um acordo pós-acordo (Raiffa, Richardson e Metcalfe, 2002). Os princípios da auto-organização, de constante revisão, atualização de rotinas ou percepções foram estudados por Varela e Maturana (2001) com os termos *inação*, como a capacidade de fazer surgir reações adaptadas, e *autopoiese* como sistema capaz de se auto-organizar para estar em harmonia com o ambiente ou contexto.

A auto-organização também se apresenta na capacidade dos gerentes equalizadores (Calvalcanti, 2005), que podem corrigir as divergências entre departamentos, sincronizar e ajustar as mudanças para criar coesão e comportamento coletivo inteligente.

8
Ética

A ética perpassa todo o processo de negociação, todas as nossas ações, nossa conduta e todos os nossos relacionamentos.

No passado, as sociedades eram homogêneas, as pessoas compartilhavam mais ou menos os mesmos valores, as mesmas tradições. Elas estavam integradas em um contexto com as mesmas características e assim, a partir dessa estabilidade, ligavam um "piloto automático" para tomar decisões. As soluções aprendidas e os problemas enfrentados no passado já não se encaixam nas rotinas desenvolvidas. Estamos no meio de uma crise de orientação na qual faz-se cada vez mais necessária a valorização da ética.

A sociedade moderna, ao contrário, é pluralista e heterogênea. As regras do jogo muitas vezes não são claras; os tempos atuais são tempos de grandes transformações, de grande velocidade; de inovações em tecnologia da informação e globalização; sobrecarga de informações; velocidade crescente para a tomada de decisão. Com regras dos jogos pouco claras, é óbvio que pelo ponto de vista da ética as questões tornam-se mais importantes.

De acordo com citação de Thomas Hobbes (1588-1679), se não há regras do jogo, haverá violência por meio da dominação do mais forte e, como consequência, haverá o medo, fazendo com que toda a sociedade fique altamente instável.

A elaboração de contratos é uma forma de criar regras mediante as quais renunciamos algumas das nossas liberdades na busca de estabilidade e paz.

De acordo com o pensamento de David Hume (1713-1784), a razão pela qual devemos nos envolver em definir regras é que precisamos de cooperação, pois é por meio da cooperação que podemos aumentar o "tamanho da torta", e assim superamos os recursos limitados. Mas, se quisermos cooperar, precisamos ter confiança. Se quisermos confiar uns nos outros, precisamos poder confiar que todos sigam e concordem com as mesmas regras.

Portanto, há duas razões para ter regras em uma sociedade: evitar a violência e cooperar cada vez mais. Isso é verdade para as organizações e para os indivíduos. Nas sociedades homogêneas, o certo e o errado são bastante claros. Nas sociedades heterogêneas, a maioria das decisões é complexa, não se restringindo à polarização do certo e do errado, mas situando-se em algum ponto inserido na amplitude entre o certo e o errado. Essa região entre o certo e o errado é denominada zona cinzenta. A ética se faz necessária justamente quando tomamos decisões nessa área cinzenta, e as decisões nessa área constituem decisões sobre dilemas (Sebenius, 2008).

Quando as negociações contêm elementos competitivos, os negociadores podem sentir-se tentados a usar táticas que lhes permitam ganhar vantagem numa determinada fase do processo de negociação.

Caso Enron

A Enron foi uma empresa que, durante alguns anos, transformava tudo em ouro. Era a empresa mais desejável para se trabalhar, até que entrou em colapso devido a um enorme escândalo de contabilidade fraudulenta, no ano de 2001. Pergunta-se: Como é possível criar no topo de uma empresa um sistema que seja criminoso?

Pode-se fazer uma releitura da história da Enron por meio da lente da cegueira ética.

Enron é o resultado da fusão, em 1985, de duas corporações – Houston Natural Gas e InterNorth, esta última uma companhia de gás natural do estado americano de Nebraska. A empresa era uma operadora de gasodutos com mais de 37 mil quilômetros de dutos sob seu controle. Até o início dos anos 1990, a Enron era líder no fornecimento de tubos para transporte de gás em todo o país. Seu modelo de negócios era muito simples e lucrativo. O negócio de *pipeline* da Enron foi fortemente regulamentado, até 1988, quando o governo decidiu desregulamentar esse tipo de indústria.

Os problemas da Enron tiveram início a partir desse momento, quando, devido à desregulamentação, sua rentabilidade diminuiu, além de estar endividada por conta da recente fusão. Em busca de um modelo de negócios mais inovador, Kenneth Lay, o CEO da empresa, contratou uma empresa de consultoria, a McKinsey. Jeff Skilling, da equipe McKinsey, propôs transformar a Enron em um banco de gás.

Em vez de somente transportar o gás entre diferentes pontos, o novo modelo de negócios passaria a comprar o gás e o transportaria para vendê-lo. Dessa forma, a Enron poderia controlar toda a cadeia de fornecimento de gás no país, sendo cobrada uma taxa pelo transporte e pela venda de gás.

▼

ÉTICA

Em 1990, Kenneth Lay criou uma nova divisão, a Enron Finance Corporation, e contratou Jeff Skilling para liderar essa divisão. Ao longo do tempo, eles aumentaram seu poder sobre o mercado, dominando o mercado de gás (compra e venda), além do transporte, ampliando significativamente o lucro da empresa.

Em novembro de 1999, a Enron ampliou seu escopo de negócios, criando o Enron *online*, um sistema global de transações na web que permite que os consumidores consultem os preços da energia e façam transações instantaneamente. Com dois anos de existência, ocorriam diariamente 6 mil transações no *site*, no valor de US$ 2,5 bilhões.

Passo a passo, a Enron transformou-se em uma das maiores corporações nos EUA. O valor da ação da Enron cresceu 1.400% em 10 anos. Em agosto de 2000, o preço da ação da Enron atingiu a máxima histórica de cerca de US$ 84,97.

Admirada pela Goldman Sachs, a revista *Fortune* classificou a Enron como a empresa mais admirada e inovadora do mundo, o CEO Kenneth Lay foi louvado por ser um messias energético e, por um bom tempo, a Enron tornou-se uma história de sucesso.

Os funcionários da empresa sempre foram encorajados a fazer seus próprios negócios, a inventar novos produtos para vender e a comprar e vender novas *commodities*. Em meados de 2000, a Enron estava negociando mais de 800 produtos diferentes. Estavam, naquele momento, diante de um dilema: quanto mais bem-sucedidos eles se tornavam, mais recursos financeiros eram necessários para cobrir o capital de giro (entre compra e venda de mercadoria) e, dessa forma, foram expostos a um alto custo de crédito, representando menores lucros e menor valor no preço da ação. Em junho de 2000, a empresa precisava de US$ 2 milhões/dia apenas para pagar créditos a bancos.

Andy Fastow, CFO da empresa naquela época, criou "entidades de propósito especial", com o objetivo de resolver as questões financeiras. Essas "entidades" seriam parceiras externas e, portanto, poderiam ser removidas dos pagamentos da empresa. Para ter o direito de ser denominada parceira externa, uma "entidade de propósito especial" tem de ter 3% de participação como investidor externo.

Desse modo, a Enron poderia remover dívidas do balanço patrimonial, colocando-as nas "entidades de propósito especial", apresentando assim um desempenho melhor com efeito positivo sobre o valor das ações.

Problema: A maioria das "entidades de propósito especial" tinha o CFO Andy Fastow como proprietário dos 3% do parceiro externo. Essas "entidades", que pareciam independentes, na realidade eram a própria Enron. O problema do capital de giro entre a compra e venda de *commodities* deixou de existir, sendo transferido para as entidades externas.

Então, o que levou a Enron ao colapso? Havia um ceticismo crescente no mercado para as novas empresas ponto.com. Em 16 de outubro de 2001, a US Securities and Exchange Commission (SEC) anunciou que estava investigando as "entidades de propósito especial". Em 28 de novembro, a Enron foi rebaixada pela SEC e o valor da empresa caiu rapidamente.

Olhando para a cultura dessa empresa, pode-se verificar que o ambiente de trapaça poderia surgir. A diretoria da empresa era agressiva e composta por indivíduos gananciosos, motivados por interesses próprios. Estavam enganando, levados pela arrogância de estarem acima de qualquer suspeita.

O que é interessante no caso Enron é o grande espírito de "comportamento divino", que tomou toda a organização, em todos os níveis de hierarquia. Muitas pessoas, em várias áreas da empresa, ficaram corrompidas. Essas pessoas, em sua maioria, foram recrutadas nas melhores universidades americanas, principalmente Harvard e Wharton. Com certeza, nunca sonharam em se tornar criminosas. Porém a atmosfera da Enron pode tê-las "empurrado" para terem um comportamento que elas não esperavam.

A atratividade da empresa Enron era forte, conectada à nova economia associada à inovação e à *startup* de alta velocidade. A Enron era um exemplo de como você poderia transformar uma velha corporação da economia tradicional, lenta e burocrática, em um novo modelo econômico. E as regras aprendidas e aplicadas no passado não contam mais; a nova economia está fazendo suas regras para esse novo tipo de organizações.

O comportamento dos gerentes da Enron estava praticamente em linha com a ideologia geral da desregulamentação, na qual os mercados são percebidos como bons, e os governos, como um problema. A Enron criou sua própria realidade. Considerando ser um ente superior, Skilling, mais uma vez, declara que "Estamos aqui em cima, todo mundo está lá embaixo".

Mas a realidade reflete exatamente os valores e crenças que caracterizam a sociedade ou a economia. A Enron representava a regra dos sistemas de crença de seu tempo. No que acreditávamos estar errado, os gerentes da Enron poderiam ter se percebido como inteligentes. A inteligência é, provavelmente, o termo que descreve melhor a cultura geral da Enron. É uma cultura que tem a arrogância e a astúcia, que impulsionam o contexto organizacional, o que se denomina *cegueira ética*.

A Enron admitia apenas graduados das melhores escolas de negócios dos EUA, que eram contratados como comerciantes em um contexto de empreendedorismo, agressividade da concorrência, de destruição criativa e rápido crescimento. Eles tinham pouca experiência, plena autonomia e seriam recompensados regiamente desde que trouxessem negócios.

Como era o sistema de avaliação da Enron?

Havia um grupo de 20 gerentes que avaliavam seus pares todos os anos, de acordo com sua performance. Os "comerciantes" da Enron eram categorizados em dois grupos: de alto desempenho e de baixo desempenho. Os colaboradores de alto desempenho, cerca de 5%, recebiam enormes bônus financeiros, que incluíam carros da marca Ferrari (símbolo de poder). No dia de pagamento de bônus, havia muitas Ferraris estacionadas na frente do prédio sede. Os colaboradores de mais baixo desempenho, aproximadamente 15%, eram demitidos no mesmo dia.

ÉTICA

> O que se faz para sobreviver em um ambiente desse tipo?
>
> Busca-se não criar problemas, não criticar seus superiores, fazer o que for esperado de você: trazer negócios para receber bônus e para não ser humilhado diante dos pares.
>
> Coloquemo-nos no lugar desses "comerciantes".
>
> Você vem de uma escola de negócios de elite superior. Você foi treinado, é um dos melhores e mais brilhantes. Trabalha para a empresa que é percebida como modelo de negócios do futuro. Você quer ser demitido depois de seis meses porque é um funcionário de baixo desempenho? Não, você não pode se dar ao luxo de fazer isso. Esse seria o fim de sua carreira.
>
> Esse é o darwinismo empresarial, uma luta para sobrevivência em um contexto muito agressivo.
>
> Que conclusões podemos desenhar no contexto de nosso conceito de *cegueira ética*?
>
> O escândalo da Enron não é simplesmente o resultado do comportamento criminal de algumas pessoas no topo da empresa. Não é o resultado do comportamento do que chamamos de pessoas sem moral e sem ética. Há indivíduos aéticos, que dirigem a corporação nessa direção, mas só entenderemos isso se olharmos para toda a cultura da organização. O comportamento desviante dos principais líderes foi contagioso.
>
> Então, a cultura da corporação foi caracterizada por uma mistura perigosa de astúcia, arrogância, vaidade, agressividade, ganância e medo. Se você adotasse essa cultura, seria promovido por seu sistema de avaliação, seu sistema de bônus e seu plano de carreira (adaptado de Palazzo e Hoffrage, 2014).

A integridade do negociador se traduz em melhores resultados e evita quatro consequências de custos muito elevados:

- rigidez em futuras negociações;
- destruição da relação com o oponente;
- criação de uma reputação negativa;
- perda de oportunidades (não detecção de assuntos que poderiam se revelar benéficos para ambas as partes).

> **Pressão do tempo e ética**
>
> Estudo conduzido por Darley e Batson (1973) apresentado no artigo de "Jerusalém a Jericó", que destaca aspectos associados ao comportamento humano face à pressão do tempo, empatia e ética.

▼

> Os participantes da pesquisa eram estudantes do seminário de estudos religiosos, isto é, estavam estudando para ser sacerdotes. Foi-lhes solicitada, como trabalho, uma palestra, dentro de uma hora, sobre o bom samaritano. Trata-se de uma parábola do Novo Testamento e Jesus Cristo a utilizou para explicar que "não conta quem você é, mas o que você faz".
>
> Resumidamente, a parábola é a seguinte: um homem foi roubado e precisou de ajuda. Passaram por ele um padre e um aristocrata, que não o ajudaram. Finalmente, passou um samaritano. Os samaritanos, na época, faziam parte da classe social mais baixa, eram marginalizados pela sociedade. O samaritano ajudou o homem e Jesus deixou claro que o samaritano – e não o padre e não o aristocrata – seria recompensado após a morte.
>
> Os participantes desse experimento tiveram uma hora para preparar seu discurso sobre essa parábola, que seria apresentado na igreja do outro lado da rua. Depois de uma hora, os participantes se deslocaram para a igreja, porém no caminho havia uma pessoa caída na rua pedindo ajuda. A situação era muito similar ao conteúdo da palestra que iriam proferir.
>
> Quantas pessoas ajudaram o pedestre caído? Resultado: 65%. Não foram todos, porém foi a maioria.
>
> A outro grupo de participantes, os pesquisadores interromperam depois de 30 minutos, de iniciado o trabalho. "Desculpe-nos, mas tivemos que mudar nosso cronograma. Corram para a igreja que vocês terão de apresentar o discurso agora."
>
> Eles se depararam com a mesma situação de seus pares: o mesmo homem estava caído na frente deles, no caminho, enquanto eles corriam para fazer seu discurso sobre o bom samaritano na igreja. Quantos se comportaram como o samaritano na parábola? Somente 10%.
>
> Esse estudo demonstra que a pressão do tempo prende nossa atenção e pode remover de nossa cabeça algumas dimensões – neste caso, dimensões éticas, aumentando, portanto, o risco de comportamento não ético.

9
Cross cultural

A prática da negociação difere de cultura para cultura e influencia o "estilo de negociação". Nações, grupos de trabalho, classes sociais, gêneros, raças, tribos, corporações, clubes e movimentos sociais podem tornar-se bases para subculturas específicas.

Como deve um executivo se preparar para lidar com a cultura quando negocia?

Em uma negociação entre culturas, é desafiante analisar os interesses do outro lado, pois há que se identificar o estilo de negociação da outra parte, além de seus valores e crenças subjacentes. A cultura pode influenciar os resultados e o sucesso de uma negociação. Harmonizar o local e o global é um trabalho da negociação, de coordenação, que impõe um entendimento das similaridades e das diferenças culturais, regionais, nacionais, internacionais e identitárias. Buscar o universalismo, o reconhecimento da diversidade torna-se um desafio para uma gestão moderna nacional e internacional.

Por exemplo, no Brasil, a cultura difere de região para região, o povo do Sul, difere do povo do Norte e assim por diante. Não se trata de ser bom ou ruim, simplesmente é diferente. Quando se menciona a Itália, o povo do Norte é diferente do povo do Sul. Há muitas variações dentro de uma cultura e devemos ser sensíveis a isso, sem criar estereótipos.

Estilos de negociação

Segundo o prof. Salacuse, o executivo deve identificar as áreas importantes nas quais as diferenças culturais podem ocorrer durante o processo da negociação. O conhecimento dessas áreas pode ajudar um negociador a compreender a ótica de outra cultura, e antecipar possíveis focos de atritos e enganos, e superar as diferenças culturais na negociação internacional.

Segundo Salacuse (2004),

> Quando a Enron ainda era – e apenas – uma empresa de *pipeline*, ela perdeu um contrato importante na Índia porque as autoridades locais sentiram que as negociações estavam sendo conduzidas muito rápido. De fato, a perda do contrato sublinha o papel importante que as diferenças culturais desempenham na negociação internacional. Para os negociadores de um país, o tempo é dinheiro, para outros, quanto mais lentas forem as negociações, elas podem sair melhor e oferecer mais confiança.

Atualmente, os negócios internacionais ultrapassam fronteiras e atravessam diferentes culturas. A cultura afeta os tipos de transações realizadas e a forma de negociar. As diferenças de cultura entre os executivos de empresas – por exemplo, entre um gerente de área do setor público chinês em Hangzou e um chefe de divisão francesa de uma empresa familiar em Bordeaux – podem criar barreiras que impeçam ou bloqueiem o processo de negociação.

A pesquisa realizada há alguns anos pelo prof. Salacuse é uma referência para as negociações internacionais. São 10 fatores de impacto associados ao comportamento que caracterizam as diferentes culturas e que mapeiam nossa compreensão sobre a outra parte em uma negociação internacional. No quadro 11 serão destacadas algumas características e observações do prof. Salacuse, resultados de sua pesquisa:

Quadro 11
Fatores de impacto de comportamento e respectivas amplitudes

Fatores de impacto	Amplitude		
Metas	Contrato	⟷	Relacionamento
Atitudes	Ganha/perde	⟷	Ganha/ganha
Estilos pessoais	Informal	⟷	Formal
Comunicação	Direta	⟷	Indireta
Sensibilidade ao tempo	Alta	⟷	Baixa
Intensidade das emoções	Alta	⟷	Baixa
Formas de acordo	Específico	⟷	Geral
Construção do acordo	*Bottom-up*	⟷	*Top-down*
Organização da equipe	Um líder	⟷	Por consenso
Disposição ao risco	Alta	⟷	Baixa

Fonte: Salacuse (1998).

Meta da negociação: contrato ou relacionamento?

- Qual é sua meta na negociação: fechar o contrato de qualquer forma ou desenvolver o relacionamento?
- Para algumas culturas, o objetivo de uma negociação empresarial é um contrato assinado entre as partes; para outras culturas, o objetivo de uma negociação é o desenvolvimento do relacionamento (Mnookin, 2009).
- A maioria dos entrevistados espanhóis tem como objetivo em uma negociação um contrato, e os executivos indianos desejam ter relacionamento.
- Negociadores asiáticos, que têm como objetivo a criação de um relacionamento, tendem a dedicar mais tempo e esforço para preliminares de negociação, enquanto os norte-americanos aceleram a primeira fase de negociação.

Atitude de negociação: *win/lose* ou *win/win*?

- Qual é sua atitude na negociação: ganha/perde ou ganha/ganha?
- Os negociadores com atitudes ganha/ganha (*win/win*), em qualquer cultura veem o acordo como um processo colaborativo de resolução de problemas; os negociadores com atitude ganha/perde (*win/lose*) veem isso como um confronto.
- Enquanto 100% dos entrevistados japoneses alegaram que buscam um processo colaborativo ganha/ganha, apenas 33% dos executivos espanhóis se identificaram com atitudes ganha/ganha, ou seja, os espanhóis apresentaram um perfil mais confrontador.

Estilo pessoal: informal ou formal?

- Durante as negociações, seu estilo é formal ou informal?
- O estilo pessoal, fortemente influenciado pela cultura, refere-se à forma como um negociador fala com os outros, usa títulos, veste-se, fala e interage com outras pessoas.
- Um negociador com um estilo formal se dirige às contrapartes tratando-as por seus títulos, evita anedotas pessoais e se abstém de questões associadas à vida privada ou familiar das outras partes.

- Um negociador com um estilo informal se dirige à contraparte pelo pronome pessoal, busca rapidamente desenvolver um relacionamento pessoal e amigável e fica mais despojado com a vestimenta (tirando sua jaqueta e enrolando as mangas) quando o clima fica tenso.
- Para um norte-americano, chamar alguém pelo primeiro nome é um ato de amizade e, portanto, uma coisa boa. Para um japonês, o uso do primeiro nome em uma primeira reunião é um ato de desrespeito e, portanto, ruim.
- Os alemães têm um estilo mais formal do que os norte-americanos.
- Os negociadores em culturas estrangeiras devem respeitar as formalidades apropriadas. Como regra geral, é sempre mais seguro iniciar com um estilo formal e passar a um estilo informal.

Comunicação: direta ou indireta?

- Seu estilo de comunicação em uma negociação é direto (claro, com propostas e respostas definidas e simples) ou indireto (vago, evasivo e complexo)?
- Como métodos complexos e indiretos podem ser usadas formas figurativas de fala, expressões faciais, gestos e outros tipos de linguagem corporal.
- O norte-americano e o israelense valorizam a franqueza e se pode receber deles uma resposta clara e definitiva às suas propostas e perguntas (comunicação direta).
- Os japoneses usam a comunicação indireta, reagindo às suas propostas por meio da interpretação de comentários, gestos e outros sinais aparentemente vagos. Por exemplo, os japoneses expressam desaprovação de forma indireta cujo gestual induz os executivos das empresas estrangeiras a acreditarem que suas propostas ainda estavam em consideração quando, de fato, o lado japonês as rejeitava.
- Nas negociações de paz em Camp David, entre o Egito (comunicação indireta) e Israel (comunicação direta), exacerbaram-se as relações entre os dois lados. Os egípcios interpretaram a franqueza israelense como agressiva e, portanto, um insulto. Os israelenses interpretaram a comunicação indireta egípcia como impaciência e insinceridade, por não dizerem claramente o que queriam dizer.

Sensibilidade ao tempo: alta ou baixa?

- No processo de negociação, sua sensibilidade ao tempo é alta (chegar a um acordo rapidamente) ou baixa (processo de negociação lento)?
- Os negociadores podem valorizar de formas diferentes a quantidade de tempo disponibilizada para a negociação. Para os norte-americanos, o acordo é um contrato assinado e o tempo é dinheiro; logo, buscam fazer rapidamente um acordo e tentam reduzir ao mínimo as formalidades.
- Os japoneses e outros asiáticos investem tempo no processo de negociação para que as partes possam se conhecer mutuamente e avaliar se desejam um relacionamento de longo prazo. Podem considerar as tentativas de encurtar o tempo de negociação como esforços para se esconder algo. Por exemplo, na década de 1990, havia um contrato de fornecimento de energia elétrica de longo prazo entre uma subsidiária da Enron, a Dabhol Power Company e o governo do estado de Maharashtra, na Índia, que quase foi cancelado, pois os indianos achavam que tinha sido concluído com uma "pressa indecorosa". A sociedade indiana reagiu por entender que o governo não conseguiu proteger o interesse público, uma vez que as negociações se desenvolveram muito rapidamente. Na defesa da empresa, Rebecca Mark (1997a, 1997b), presidente e CEO da Enron International, declarou à imprensa: "Estamos extremamente preocupados com o tempo, porque o tempo é dinheiro para nós".
- Os alemães são sempre pontuais, os latinos são habitualmente atrasados, os japoneses negociam lentamente e os norte-americanos são rápidos em fazer um acordo.
- Entre as 12 nacionalidades pesquisadas, os indianos tinham a maior porcentagem de pessoas que se consideravam com baixa sensibilidade ao tempo.

Ser emocional: muito ou pouco?

- Durante a negociação você é muito emocional e tem uma tendência a demonstrar emoção ou você consegue se conter e não demonstrar seus sentimentos?

- De acordo com o estereótipo, a maioria dos latino-americanos mostra suas emoções na mesa de negociação, enquanto a maioria dos japoneses e muitos outros asiáticos guardam seus sentimentos.
- Várias culturas têm regras diferentes quanto à adequação e forma de exibir emoções, e essas regras também estão presentes na mesa de negociação.
- Os latino-americanos e os espanhóis constituem grupos culturais mais emotivos. Entre os europeus, os alemães e os ingleses são menos emotivos, enquanto, entre os asiáticos, são os japoneses que ocupam essa posição.

Forma de acordo: geral ou específico?

- Os fatores culturais influenciam a forma do acordo escrito que as partes fazem. Você prefere acordos que são mais ou os que são menos detalhados?
- Os norte-americanos preferem contratos muito detalhados que buscam antecipar todas as circunstâncias e eventualidades possíveis, não importando o quão improvável sejam. Por quê? Porque o negócio é o próprio contrato e é necessário referir-se ao contrato para lidar com as situações que poderão surgir.
- Os chineses, por exemplo, preferem um contrato na forma de princípios gerais, ao invés de regras detalhadas. Por quê? Porque a essência do acordo é a relação entre as partes. Se surgirem circunstâncias inesperadas, as partes devem buscar, principalmente, o relacionamento e não o contrato, para resolver o problema. Assim, em alguns casos, um negociador chinês pode interpretar o impulso norte-americano para estipular todas as contingências como evidência de falta de confiança na estabilidade do relacionamento.
- Apenas 11% dos ingleses preferiram acordos gerais e 45,5% dos japoneses e alemães alegavam fazê-lo.

Construindo um acordo: de baixo para cima ou de cima para baixo?

- Com relação à forma do acordo, busca-se conhecer se a negociação é um processo indutivo ou dedutivo. Você negocia buscando o acordo, a partir

dos detalhes em primeiro lugar ou o acordo começa a ser negociado a partir dos princípios gerais?
- Indutivo: começa a partir de um acordo sobre princípios gerais e segue na definição de itens específicos.
- Dedutivo: começa com um acordo sobre especificações, como preço, data de entrega e qualidade do produto para, em seguida, finalizar o contrato como um todo.
- Alguns observadores acreditam que os franceses preferem iniciar uma negociação a partir dos princípios gerais, enquanto os norte-americanos tendem a buscar, primeiro, um acordo sobre as especificidades. Para os norte-americanos, negociar um acordo é basicamente "alinhavar" uma série de compromissos e *trade-offs* em uma longa lista de detalhes. Para os franceses, a essência é concordar com princípios básicos (as "grandes linhas") que determinarão, posteriormente, o detalhamento das condições.
- A pesquisa identificou que os franceses, os argentinos e os indianos tendiam a considerar a negociação como um processo dedutivo, enquanto os japoneses, os mexicanos e os brasileiros tendiam a vê-lo como um processo indutivo.

Organização da equipe: um líder ou consenso do grupo?

- Como membro de uma equipe de negociadores, você prefere ter um líder que tenha a autoridade de tomar decisões ou prefere que a decisão seja tomada por consenso?
- Em qualquer negociação, é importante saber como a outra parte está organizada, quem tem autoridade para assumir compromissos e como as decisões são tomadas.
- Algumas culturas enfatizam o indivíduo, enquanto outras enfatizam o grupo. Esses valores podem influenciar o processo de negociação.
- Muitas equipes norte-americanas tendem a constituir uma equipe de negociação com um líder investido de completa autoridade para decidir todos os assuntos.
- Os japoneses e os chineses não deixam evidente quem é o líder, nem quem tem autoridade para assumir decidir o acordo.

- Em negociações dos EUA com a China, não é incomum que os norte-americanos cheguem à reunião, com uma equipe de três pessoas, enquanto os chineses se apresentem com 10.
- A equipe que possui um líder que toma decisões assume compromissos mais rapidamente do que uma equipe que toma decisão por consenso que, por questões óbvias, leva mais tempo para negociar um acordo.
- Entre todos os pesquisados, 59% preferiam equipes com um líder decidindo, enquanto 41% preferiam equipes cuja tomada de decisão era por consenso, a exemplo dos franceses.
- Apesar da reputação japonesa de acordos com base em consenso, apenas 45% dos entrevistados japoneses alegaram preferir esse tipo de equipe. Os brasileiros, chineses e mexicanos, em um grau muito maior do que qualquer outro grupo, preferiram a liderança de uma pessoa – um reflexo, talvez, sobre as tradições políticas desses países.

Assumir risco: alto ou baixo?

- Sua tendência é assumir altos riscos durante a negociação ou você prefere assumir menores riscos?
- A pesquisa do prof. Salacuse apoia a conclusão de que certas culturas são mais avessas ao risco do que outras.
- Há diferenças na disposição para assumir riscos – divulgar informações, tentar novas abordagens e tolerar incertezas – em um curso de ação proposto. Os japoneses, com sua ênfase em exigir grande quantidade de informações e seu intrincado processo de decisão de grupo, tendem a ser avessos ao risco. Os norte-americanos, em compensação, são tomadores de risco.
- Aproximadamente 70% dos entrevistados apresentaram uma tendência para a tomada de risco.
- Grande percentual de franceses, britânicos e indianos afirmou serem tomadores de risco.
- Diante de um negociador avesso ao risco, prof. Salacuse orienta:
    a) não apresse o processo de negociação, pois aumenta a percepção da outra parte sobre os riscos no negócio proposto;
    b) proponha regras e mecanismos que reduzam os riscos aparentes no negócio;

CROSS CULTURAL

   c) certifique-se de que a(s) outra(s) parte(s) tenha(m) informações suficientes sobre você, sua empresa e o acordo proposto;
   d) concentre seus esforços na construção de um relacionamento e promova a confiança entre as partes;
   e) considere a reestruturação do negócio para que o negócio avance passo a passo ao invés de acontecer de uma única vez.

> Você acabou de chegar a um acordo em uma negociação e já está indo embora. Ao se virar, tocou nas costas do outro negociador e expressou:
>
> – Foi um excelente trabalho essa nossa negociação.
>
> Pergunte-se: Será que você violou algum aspecto cultural do outro país quando tocou a outra parte nas costas e disse "excelente trabalho"?
>
> Você, provavelmente, pode pensar em uma série de problemas: talvez o toque sozinho seja um problema, mas nem lhe ocorreram o jeito e a mão que você usou.
>
> Em algumas culturas, não se toca ninguém com a mão esquerda, essa é a mão do banheiro; e, quando se fala em excelente trabalho, em algumas culturas isso equivale a um dedo do meio.
>
> Assim, sua gentileza e proximidade com a satisfação do acordo podem ser algo altamente ofensivo (adaptado de curso em vídeo ministrado pelo prof. George Siedel. Successful Negotiation. MIT University. Coursera).

Em resumo, em negociações com diferentes culturas, observe os tópicos relacionados pelo prof. Salacuse e busque identificar como seu estilo de negociação difere do estilo da outra parte. Tenha sempre em mente que há variações dentro de cada cultura (Cavalcanti, 2005). Realize pesquisas para que você possa evitar ações ofensivas sobre a outra cultura.

Como a cultura afeta a negociação?

O trabalho do negociador é respeitar e entender a cultura da pessoa com quem está negociando. Deve-se ter cuidado com os preconceitos e prejulgamentos que são articulados, de forma intuitiva, na mente. Perceber as diferenças culturais se transforma em competência para o negociador. O negociador brasileiro frequentemente valoriza mais o processo de negociação do que o resultado final. As discussões tendem a ser mais provocativas, animadas, inflamadas, eloquentes e engenhosas.

> **O prazer do debate**
>
> Desde os seis anos, Dalai Lama dedica muitas horas de seu dia ao estudo, trabalhando muito a memorização; pratica a meditação e a concentração – que são fatores da disciplina mental.
>
> Ele exerce também, intensamente, a dialética e o debate, que constituem o coração da educação monástica tibetana. O esporte preferido dos monges tibetanos não é nem o futebol, nem o xadrez: é o debate. Os monges discutem tanto no centro do monastério que é possível imaginar como seria uma versão intelectual de um jogo de *rugby*. Um pequeno grupo se posiciona desordenadamente em torno do contraditor, que discursa de forma muito enérgica – ele propõe uma proposição filosófica e desafia os demais monges a desmantelá-la.
>
> Os monges disputam o direito de lhe oferecer a réplica, fazendo-o, muitas vezes, com o vigor de um jogador de *rugby*.
>
> [...]
>
> Para os monges, a habilidade do debate é o melhor indicador de desenvolvimento intelectual e o principal critério de sua avaliação (Goleman, 2003:75-76).

Quando se está negociando com indivíduos de outro país, deve-se adotar o estilo da cultura da outra parte? Devemos nos comportar como se fôssemos nativos de sua cultura? Há que se ter cuidado, pois devemos fazê-lo de forma respeitosa e conhecedora; precisamos estar familiarizados com outras culturas para fazer isso confortavelmente. Tentar ser o que não somos não confere credibilidade.

Áreas de desentendimentos

A linguagem corporal é distinta nas diferentes culturas e pode ser dividida nas seguintes categorias: expressões faciais, olhar, contato físico, espaço entre pessoas, gestual, sons e outras ações. O único comportamento universal que todas as culturas compartilham é o sorriso.

A seguir, são apresentadas diversas características das diferentes culturas:

1. Olhar para baixo e evitar o contato olho a olho:
   - árabes e asiáticos: é um sinal de respeito;
   - europeus e americanos: é um sinal de desrespeito.

2. Espaço entre as pessoas:
   - Oriente Médio: há separação física dos grupos de mesmo sexo;
   - Japão: ficam distantes uns dos outros na discussão (cerca de um metro).

3. Contato físico: o contato físico tem diferentes interpretações nas diferentes culturas. Trata-se de uma questão delicada. Assim, deve-se evitar o toque em uma negociação:
   - França: o toque no outro é frequente;
   - árabes: o toque no outro é nenhum;
   - EUA, Inglaterra, Ásia e norte da Europa: o toque no outro é esporádico.

4. Posição das pernas ao se sentar: essa característica, que aparentemente é irrelevante, tem um significado muito importante:
   - Oriente Médio: estar com o pé da perna que está cruzada direcionado para a outra pessoa é uma grande ofensa, causa desconforto, simboliza acusação e o pé pode ser percebido simbolicamente como uma arma.
   - Em geral: evite manter os braços cruzados sobre o peito e pernas cruzadas; isso pode ser entendido como uma posição de defesa.

Quadro 12
Outros gestos e seus significados locais

Ação	País/região	Sinal
Dedo para cima em sinal de OK	EUA e Inglaterra	Positivo
	Espanha e Itália	Gesto obsceno
Mexer a cabeça para cima e para baixo	Bulgária e algumas regiões do Japão, da Grécia, da Itália e do Irã	Significa não
Erguer as sobrancelhas	Filipinas	Significa sim
Tombar a cabeça para o lado	Índia	Significa sim

Nas negociações interculturais, é uma sabedoria ser versátil, falar múltiplas línguas, fazer diplomacia corporativa, lidar com o diferente, abraçar a diversidade, ouvir o outro, o diferente, como uma forma ética de altruísmo, de aceitação da diferença, da tolerância.

O intercultural é, justamente, um jogo de saber ser camaleão, de se adaptar às diferentes linguagens, diferentes costumes e se adequar a um domínio de comunidade, de universalidade, de ciência e, ao mesmo tempo, aceitar a singularidade, especificidade, a identidade particular e originalidade.

10
Plataforma compartilhada

Os especialistas em administração John Hagel III, John Seely Brown e Lang Davison chamaram de "grande mudança" a transferência do padrão de medida de riqueza: anteriormente era o estoque (quantidade de qualquer recurso passível de ser armazenado, para aproveitamento futuro) e passou a ser fluxo, fonte de maiores vantagens comparativas. Os fluxos transitam pelos países, comunidades, e a grande questão é em que medida os cidadãos-trabalhadores estão capacitados para tirar vantagens desses fluxos.

Vale mencionar as mudanças ocorridas ao longo da história. A medida de riqueza das nações, que no século XV era o estoque de ouro e prata, passou a ser a capacidade de produzir bens e serviços necessários ao bem-estar da população. Mais recentemente, abandonaram-se os estoques para adotar os fluxos como nova medida de riqueza. O valor está se transferindo dos estoques de conhecimento para os fluxos de conhecimento.

Como se dá?

Como explica Thomas Friedman (2016), à medida que o mundo acelera, os estoques de conhecimento se desvalorizam. Atualmente, os estoques de conhecimento têm de ser renovados continuamente para se manterem como relevantes como novos conhecimentos.

Ainda, Friedman destaca que a participação dos indivíduos nos fluxos de conhecimento exige contribuição, uma vez que os participantes desejam desenvolver relacionamentos com pessoas e instituições capazes de contribuir com conhecimentos próprios. Não há espaço para *free riders*. A velocidade com que as coisas se tornam obsoletas reduz os danos provocados pelos roubos de propriedade industrial e intelectual. As recompensas com o compartilhamento do conhecimento aumentam significativamente e em grande velocidade. Estar no fluxo passa a ser uma importante vantagem econômica e estratégica nos dias de hoje. Quando a conectividade é onipresente e a complexidade é gratuita, o mundo se torna extremamente rápido. Esse é o mundo atual, o do compartilhamento, da cooperação, da velocidade, do fluxo, das ideias etc. que negociamos. Faz-se necessário que conheçamos esse novo mundo para que possamos lidar com ele com vantagens competitivas.

Na plataforma compartilhada, existe uma força intelectual coletiva a ser gerada que pode ser espantosa. A "nuvem" armazena todos os *softwares* e todas as informações de forma que possamos utilizá-las em qualquer momento, em qualquer lugar e com custo zero. As operações de detectar, coletar e armazenar dados, assim como transmiti-los para a "nuvem" e analisá-los por meio de *softwares* tornaram-se absolutamente gratuitas.

Por exemplo, os fundadores da Airbnb compreenderam que o mundo estava ficando interdependente, pois a tecnologia poderia conectar qualquer proprietário de um espaço para alugar com qualquer viajante interessado, de qualquer lugar do planeta. A Airbnb, com base nessas necessidades, criou uma plataforma de confiança que fosse capaz de unir essas pontas – proprietários e viajantes –, gerando uma quantidade enorme de valor para todas as partes envolvidas. Nessa plataforma, as pessoas podiam verificar a identidade umas das outras, poderiam avaliá-las, significando que o usuário do sistema viria rapidamente a desenvolver uma "reputação" relevante, visível para todos os demais. A opinião de pessoas desconhecidas que postam suas impressões no *site* passa a ser mais significativa do que a opinião de um especialista. Essa é uma mudança significativa.

Conclusão

A negociação está se transformando, deixando de lado o foco na força, na persuasão, na malandragem, no autoritarismo, e está se tornando um jogo cognitivo em vez de um jogo de poder.

Porém ainda existem muitos negociadores, como na Coreia do Norte, que usam ameaças para depois negociar; ainda existem malandros com Bernard Madoff, que manipulou e lesou clientes em um esquema multibilionário e fraudulento de pirâmide financeira, como também ainda existem marcas que escondem suas informações para acionistas e clientes e negociadores que criam medo e raiva para influenciar os indivíduos a segui-los para onde determinam.

Estamos entrando na era da transparência, em que os poderes são divididos, em que o outro deve ser uma fonte de aprendizado, uma oportunidade de conhecer suas opiniões e crenças. O novo estilo de negociar faz uso de técnicas, de metodologias que facilitam uma nova forma de liderança sobre os "dinossauros da negociação", que utilizam a "Lei de Gerson" para levar vantagem em tudo, sobre a malandragem e a negociata como modelos de decisão.

A ciência da tomada de decisão, da gestão do risco e da informação amplia as possibilidades se criar acordos e, sobretudo, tem a técnica para prevenir futuros conflitos. A maioria dos conflitos tem origem nos indivíduos com conflitos de interesses, conflitos de valores (cultura, identidade, emoções, religião), conflitos de cognição (percepção, visão do risco, mal-entendidos, viés decisório). Harmonizar e construir uma ética na nova era digital dependem da capacidade de pensar e de ter uma visão de longo prazo que garanta a fidelização de clientes, sejam externos e internos, vista a importância do desenvolvimento e manutenção do relacionamento, buscando romper com a máxima de "Perco o amigo, mas não perco a piada!", que não cabe mais nos dias atuais.

As empresas com maior competitividade são aquelas que pensam estratégias de longo prazo, que usam plataformas colaborativas de compartilhamento de experiência, que não têm margens altas porque se preocupam em cuidar da reputação, da empatia com cliente interno, fazendo-o feliz e comprometido com o projeto, e satisfazendo o cliente externo.

As empresas negociadoras são aquelas que sabem ser equalizadoras, valorizar os clientes, o acionista e o compromisso com a responsabilidade social/ambiental para futuras gerações.

A economia positiva e moderna reside na construção de acordos éticos, elegantes, racionais, colaborativos visando benefícios mútuos. A automatização das negociações vai aprimorar a produtividade e a eficiência dos mercados, sem deixar de lado o fator humano, os valores e os sentimentos.

Por isso, o sucesso de uma empresa, de um governo, de um indivíduo depende não apenas de ter conhecimento técnico, mas da capacidade de comunicar, dirigir o processo de negociação, negociar de forma simpática, clara e coerente. Essa coerência será capaz de equalizar um perfil calculista frio, pronto para fazer algoritmos, modelizar a teoria dos jogos, buscando o equilíbrio de Nash, com um perfil de ser caloroso, empático, possuidor de palavras sábias, justas e verdadeiras que permitem criar laços de sólido relacionamento. A confiança "azeita" o motor da negociação. Cada vez mais, os executivos precisam comprovar que são confiáveis, simpáticos, empáticos e que não tentam enganar o outro nem desejam levar vantagem sobre ele.

Simpatia, elegância moral e integridade são os novos padrões da nova era digital, da "e-reputação" para aumentar as possibilidades de construção de acordos sustentáveis. As inovações do neuromarketing, do controle das moléculas das emoções; a inteligência de saber lidar com diferentes identidades e a inovação da economia contributiva demonstram que é possível ser cooperativo e, ao mesmo tempo, competitivo; ser cuidadoso e, ao mesmo tempo, egoísta, numa relação em que o altruísmo racional e altruísmo interesseiro se alinham com a inovação da teoria dos jogos.

É possível organizar uma economia contributiva na qual um vendedor de uma empresa pode ser remunerado e valorizado com as dicas/informações/experiências que ele pode repassar para seus pares vendedores. Por exemplo, poder-se-ia considerar como pontos na avaliação de um colaborador sua contribuição em compartilhar conhecimentos, evitando a "reinvenção da roda" e permitindo que seus pares tenham maior produtividade. O sistema de avalia-

CONCLUSÃO

ção deveria ser alterado para que todos ganhem, todos sejam bem-avaliados e possam ser, corretamente, chamados de *colaboradores*. É o ganha/ganha no compartilhamento de informações. Ficará fora do jogo aquele colaborador que esconder informações, que não colaborar, que jogar o jogo do ganha/perde, não honrando a denominação *colaborador*.

A construção da empresa negociadora e a institucionalização da negociação por meio de plataformas colaborativas geram mudanças na organização do trabalho e vêm facilitar ganhos de produtividade inéditos.

O negociador moderno não se deixa cair em armadilhas e fica atento à manipulação, à inveja e à rivalidade mimética. Esse negociador moderno é mais maduro e sábio, menos vaidoso e mais capaz de perceber o legado e a honra de ser um cidadão justo, um executivo respeitado, racional e simpático.

Se é verdade que passamos 80% da nossa vida negociando, e que isso significa luta, debates e emoções destrutivas, como medo ou raiva, opressão, sofrer ameaças ou ser manipulado, a nova forma de negociar facilitará uma mudança de estilo, a gestão com governança colaborativa, além de proporcionar o prazer do debate com franqueza, gentileza e prazer.

O negociador tradicional traduzia o sorriso em manipulação ou sedução, enquanto o negociador moderno busca a autenticidade dos sentimentos e da linguagem corporal (Goleman e Lama, 2003; Cuddy, 2012). Ele busca uma coexistência pacífica, ser o vendedor conselheiro, ver os conflitos como problemas a serem resolvidos de forma racional e objetiva.

Humor, carinho, respeito, o prazer do debate, a capacidade de mudar de ideia sem se sentir humilhado ou incompetente, assim é o novo jeito de ser dos executivos, sendo aquele que deseja ganhar com o outro, coexistir e de construir margem por meio da construção de valor.

A construção de acordos de longo prazo, acordos em que as partes irão se encontrar muitas vezes em outras negociações (entendido como jogos infinitos), o envolvimento e o comprometimento das partes no processo conduzem a uma negociação mais ética; contrapõe-se às negociações imediatistas, em que o comprometimento das partes é superficial e o relacionamento se extingue naquela negociação (entendido como jogos finitos), em que o compromisso com a ética pode ficar mais frágil.

Porém negociar de forma moderna, com o estilo de *newgotiation*, é também dizer que o objetivo não é de chegar ao sim a qualquer custo. William Ury (2007) fala do "poder do não positivo", Robert Mnookin (2011) fala de "negociar com o diabo; quando lutar, quando negociar", mostrando-nos que é fundamental dizer que não se pode negociar a qualquer custo, e que devemos sempre poder dizer "não, obrigado". Podemos ter como exemplos o poder de dizer não ao movimento nazista, à ditadura do *apartheid* na África do Sul.

Devemos manter critérios, padrões e não aceitar tudo. Aceitar tudo conduz à fuga, gera alternativas, resistência, conduz a tribunais e gera guerra, ou seja, exacerba o conflito.

A negociação tem limites; por isso é que devemos ter o poder de dizer não, o que não significa fragilidade. O negociador cidadão pacificador deve ser firme, ser capaz de desempenhar diferentes papéis, ter emoções e ter o jeito múltiplo de ser. Ele deve ser firme num certo contexto, suave e amigável em outro momento; deve jogar justo, alinhar um contexto e, para cada momento encontrar um comportamento adequado.

A capacidade de ser competitivo e cooperativo, ser firme e amigável, ser flexível e ter princípios, revela a dinâmica da negociação moderna, o pensamento sistêmico, a coevolução que permite ser adaptável e inteligente, crescer e viver em harmonia e ser uma criatura viva contribuindo para um mundo melhor.

Referências

AGRA, Marcela. Ray Kroc, o homem que fez do McDonald's a rede de franquias mais lucrativa do mundo. *Administradores.com*, 19 set. 2014. Disponível em: <www.administradores.com.br/noticias/carreira/ray-kroc-o-homem-que-fez-do-mcdonalds-a-rede-de-franquias-mais-lucrativa-do-mundo/92809/>. Acesso em: em 11 out. 2017.

ASCHWANDEN, Christie. Prazer na desgraça alheia. *O Globo*, Caderno Saúde, 2 jan. 2014. Disponível em: <https://oglobo.globo.com/sociedade/saude/prazer-na-desgraca-alheia-11191687>. Acesso em: 4 out. 2017.

BAZERMAN, M. *Processo decisório*. 5. ed. Rio de Janeiro: Campus. 2004.

_____; MOORE, Don. *Processo decisório*. 8. ed. Rio de Janeiro: Elsevier, 2014.

BINMORE, Ken. *Teoria de juegos*. Madri: McGraw Hill, 1992.

BOLLE, Monica de. "De perto ninguém é normal", escreve Monica de Bolle sobre o Nobel de Economia. *O Globo*, 9 out. 2017. Disponível em: <https://oglobo.globo.com/economia/de-perto-ninguem-normal-escreve-monica-de-bolle-sobre-nobel-de-economia-21927602>. Acesso em: 30 out. 2017.

BROOKS, Alison W. Emotion and the art of negotiation. *Harvard Business Review*, dez. 2015. Disponível em: <https://hbr.org/2015/12/emotion-and-the-art-of-negotiation>. Acesso em: mar. 2018.

_____. O que faz os outros dizerem sim. *Mente e Cérebro*, São Paulo, ed. 280, maio 2016.

BURBRIDGE, Marc R. *Gestão de negociação*. São Paulo: Saraiva. 2001.

CAVALCANTI, Bianor. *O gerente equalizador*: estratégias de gestão no setor público. Rio de Janeiro: Ed. FGV, 2005.

CIALDINI, R. *As armas da persuasão*. Rio de Janeiro: Sextante, 2012.

_____. O que faz você dizer sim. *Mente e Cérebro*, São Paulo, ed. 280, maio 2016.

_____. *Pré-suasão*. Rio de Janeiro: Sextante, 2017.

CLINTON, William. *Giving*: how each of us can change the world. Nova York: Random House, 2017.

COLSON, Aurélien. Administrar a tensão entre sigilo e transparência. In: DUZERT, Y. (Org.). *Manual de negociações complexas*. Rio de Janeiro: Ed. FGV, 2007.

DARLEY, J. M.; BATSON, C. D. From Jerusalém to Jericó: a study of situational and dispositional variables in helping behavior. *Journal of Personality and Social Psychology*, v. 27, n. 1, p. 100-108, 1973.

DUBRIN, Andrew J. *Fundamentos do comportamento organizacional*. São Paulo: Pioneira, 2005.

DUPUY, Jean-Pierre. *Common knowledge, common sense*. Palo Alto, CA: Theory and Decision, 1989.

_____. *Petite metaphysique des tsunamis*. Paris: Le Seuil, 2005.

DUZERT, Y. (Org.). *Manual de negociações complexas*. Rio de Janeiro: Ed. FGV, 2007.

_____. SIMONIATO, M. *Newgotiation*: newgociação no cotidiano. Rio de Janeiro: Qualitymark, 2017.

_____. SPINOLA, A. T.; BRANDÃO, A. *Negociação empresarial*. São Paulo: Saraiva, 2009.

_____, _____; BULHÕES, F. *A matriz de negociações complexas aplicada no contexto das reformas no Brasil*: caso CDES. In: DUZERT, Y. (Org.). *Manual de negociações complexas*. Rio de Janeiro: Ed. FGV, 2007.

_____; ZERUNYAN, F. *Newgotiation for public leaders*. Los Angeles, CA: University of Southern California Press, 2016.

EKMAN, P. *A linguagem das emoções*. Rio de Janeiro: Casa da Palavra, 2011.

FALCÃO, Joaquim. O leilão da Constituição. *O Globo*, Rio de Janeiro, p. 3, 25 out. 2017.

FIANI, Ronaldo. *Teoria dos jogos*. Rio de Janeiro: Campus, 2006.

FINANÇAS comportamentais: como a psicologia explica nosso comportamento (irracional) nos investimentos. *Investidor em Valor*, 15 nov. 2015. Disponível em: <http://investidoremvalor.com/financas-comportamentais/>. Acesso em: 11 out. 2017.

FISHER, Roger; SHAPIRO, Daniel. *Beyond reason*: using emotions as you negotiate. Londres: Penguin Books, 2016.

_____; URY, William L.; PATTON, Bruce. *Como chegar ao sim*: a negociação de acordos sem concessões. 2. ed. Rio de Janeiro: Imago, 1994.

FOIX, Alain. *Martin Luther King*. Porto Alegre: L&PM, 2016. Pocket.

REFERÊNCIAS

FRIEDMAN, Thomas. *Obrigado pelo atraso*: um guia otimista para sobreviver em um mundo cada vez mais veloz. Rio de Janeiro: Objetiva, 2016.

GOLEMAN, Daniel. *Surmonter lês émotions destructices*: un dialogue avec Dalaï Lama. Paris: Robert Laffont: 2003.

_____. *Inteligência emocional*. Rio de Janeiro: Objetiva, 2005.

_____; LAMA, Dalai. *Como lidar com emoções destrutivas*. São Paulo: Campus, 2003.

GONÇALVES, Bruno. Finanças comportamentais: como a psicologia explica nosso comportamento (irracional) nos investimentos. *Investidor em Valor*, 15 nov. 2015. Disponível em: <http://investidoremvalor.com/financas-comportamentais/>. Acesso em: 11 out. 2017.

HERMAN, A. *Inteligência visual*. Rio de Janeiro: Zahar, 2016.

ISAACSON, Walter. *Os inovadores*: uma biografia da revolução digital. São Paulo: Schwarcz, 2014.

KAHNEMAN, D. *Rápido e devagar*. Rio de Janeiro: Objetiva, 2012.

KLEIN, Gary A. *Sources of power*: how people make decisions. ed. rev. Boston, MA: The MIT Press, 1999.

_____. *Seeing what others don't*: the remarkable ways we gain insights. Londres: Nicholas Brealey, 2013.

LEMPEREUR, A.; COLSON, A; DUZERT, Y. *Método de negociação*. Rio de Janeiro: Atlas, 2009.

LEVY, Steven. *Google*: a biografia. São Paulo: Universo do Livro, 2012.

MARK, Rebecca. Enron's Rebecca Mark: you have to be pushy and aggressive. Rebecca Mark talks about how Enron bounced back *Bloomberg*, 24 fev. 1997. Disponível em: <www.bloomberg.com/news/articles/1997-02-23/enrons--rebecca-mark-you-have-to-be-pushy-and-aggressive-intl-edition>. Acesso em: 2 jul. 2017.

MEREDITH, G. G.; NELSON, R. E.; NECK, P. A. *The practice of entrepreneurship*. Genebra: International Labour Office, 1982.

MNOOKIN, Robert H. *Mais que vencer*. Rio de Janeiro: Best Seller, 2009.

_____. *Negociando com o diabo*: quando dialogar, quando lutar. São Paulo: Gente, 2011.

_____; SUSSKIND, L. (Ed.). *Negotiating on behalf of others*: advice to lawyers, business executives, sports agents, diplomats, politicians, and everybody else. Londres: Sage, 1999.

MOORE, Christopher W. *The mediation process*: practical strategies to resolving conflict. San Francisco, CA: Jossey-Bass: 1996.

MOORE, D.; OESCH, J. M; ZIETSMA C. What competition? Myopic self-focus in market entry decision. *Organization Science*, v. 18, n. 3, p. 440-454, 2007.

MOVIUS, H. *Resolve*. Vancouver: LifeTree Media, 2017.

NALEBUFF, B.; BRANDENBURGER, A. *Coopetição*. Rio de Janeiro: Rocco, 1996.

PLUTCHIK, Robert. *Emotions and llife*: perspectives from psychology, biology, and evolution. Worcester, MA: American Psychological Association, 2003.

QUANDO O CEO visionário vai embora: a falta que Bill Gates e Steve Jobs fazem. *Época Negócios*, 4 maio 2017. Disponível em: <http://epocanegocios.globo.com/carreira/noticia/2017/05/quando-o-ceo-visionario-vai-embora.html>. Acesso em: 15 out. 2017.

RAIFFA, Howard; RICHARDSON, John; METCALFE, David. *Negotiation analysis*: the science and art of collaborative decision making. Boston: Harvard University Press, 2002.

RIBEIRO, Donati A. Martins. *A negociação coletiva como um instrumento de gestão de pessoas*: proposições para a Universidade Federal do Triângulo Mineiro. Disponível em: <www.lume.ufrgs.br/bitstream/handle/10183/34517/000783753.pdf>. Acesso em: 27 mar. 2018.

RIFKIN, Jeremy; ROSEMBERG, Monica. *Sociedade com custo marginal zero*. São Paulo: Makron Books, 2015.

SALACUSE, Jeswald. Ten ways that culture affects negotiating style: some survey results. *Negotiation Journal*, v. 14, n. 3, p. 221-240, jul. 1998.

_____. Negotiating: the top ten ways that culture can affect your negotiation. *Ivey Business Journal*, Ontario, v. 69, n. 4, 2004. Disponível em: <https://iveybusinessjournal.com/publication/negotiating-the-top-ten-ways-that--culture-can-affect-your-negotiation>. Acesso em: mar. 2018.

SATELL, Greg. A guide to game theory and negotiations. *Digital Tonto*, 29 nov. 2009. Disponível em: <www.digitaltonto.com/2009/game-theory-guide-to--negotiations/>. Acesso em: 2 out. 2017.

SCHELLING, Thomas C. *The strategy of conflict*. Boston: Harvard University Press, 1981.

SCHERER, Aline. Na General Electric a nova regra é ser simples. *Exame*, 20 fev. 2016. Disponível em: <https://exame.abril.com.br/revista-exame/na-general--electric-a-nova-regra-e-ser-simples/>. Acesso em: 15 out. 2017.

SEBENIUS, James; LAX, David; WEBER, Andre. *A negociação 3D*. São Paulo: Bookman, 2008.

SILVA, Antonio Rogerio. *Teoria dos jogos e da cooperação para filósofos*. [S.n.], [s.d.]. Disponível em: <https://forumdediscursus.files.wordpress.com/2014/05/tjcf2v1.pdf>. Acesso em: 15 out. 2017.

SIMON, Cris. Pepsi x Coca Cola: 6 comerciais provocativos. *Exame*, 13 set. 2016. Disponível em: <https://exame.abril.com.br/marketing/pepsi-x-coca-cola-5--comerciais-provocativos/>. Acesso em: 12 out. 2017.

SIMON, Herbert A. *Models of bounded rationality*: economic analysis and public policy. Boston: The MIT Press, 1984.

SINEK, S. *Start with why*: how great leaders inspire everyone. Londres: Penguin Books, 2009.

SMITH, Helena. Divided Cyprus begins to build bridges. *The Guardian*, 1 jun. 2015. Disponível em: <www.theguardian.com/world/2015/may/31/mustafa--ankinci-advocates-focus-future-for-splintered-cyprus>. Acesso em: em 10 out. 2017.

SMITH, Richard. *The joy of pain*: schadenfreude and the dark of the human nature. Oxford: Oxford University Press. 2013.

SPINOLA, A.; BRANDÃO, A.; DUZERT, Y. *Negociação empresarial*. São Paulo: SaraivaJur, 2011.

SUSSKIND, Lawrence; CRUICKSHANK, Jeffrey; DUZERT, Yann. *Quando a maioria não basta*. Rio de Janeiro: Ed. FGV, 2008.

_____; MOVIUS, Hallan. *Built to win*: creating a world-class negotiating organization. Boston: Harvard Business Press, 2009.

TRUMP, Donald. *América debilitada*: como tornar a América grande outra vez. Porto Alegre: CDG, 2016.

TVERSKY, Amos; KAHNEMAN, Daniel. Judgment under uncertainty: heuristics and biases science. *New Series*. v. 185, n. 4157, p. 1124-1131, set. 1974.

URY, William. *O poder do não positivo*. São Paulo: Elsevier, 2007.

_____; PATTON, Bruce; FISHER, Robert. *Como chegar ao sim*: a negociação de acordos sem concessões. 3. ed. Rio de Janeiro: Imago. 2014.

VARELA, F.; MATURANA, H. *A árvore do conhecimento*: as bases biológicas do conhecimento humano. São Paulo: Palas Athena, 2004.

VLASIC, Bill. Harold A. Poling, 86, a chairman of Ford, dies. *The New York Times*, 15 maio 2012. Disponível em: <www.nytimes.com/2012/05/16/business/harold-a-poling-a-chairman-of-ford-dies-at-86.html>. Acesso em: 23 jan. 2018.

WOOD, Alison. *Mente e cérebro*: o que faz os outros dizerem sim. São Paulo: Brooks, 2016.

ZARTMAN, William. Conceber a teoria da negociação como meio de resolver conflitos econômicos. In: DUZERT, Y. (Org.). *Manual de negociações complexas*. Rio de Janeiro: Ed. FGV, 2007.

Entrevistas, palestras TED e Curso MOOC

Entrevistas

Entrevista Steve Jobs e Bill Gates no Programa *Globo News Documento*, em 2011. Disponível em: <www.youtube.com/watch?v=W0onwYWQJH0>. Acesso em: 15 out. 2017.

Entrevista de Cristiano Mantovani, chefe de operações globais da Pfizer no Brasil, publicada no *blog* HUMA em 22 set. 2015, sob o título "Soluções alternativas no local de trabalho". Disponível em: <www.lg.com.br/blog/solucoes-alternativas-no-local-de-trabalho/>. Acesso em; 5 out. 2017.

Entrevista de Bob Lutz ao jornalista Matthew Budman, publicada na *HSM Magazine* em 15 fev. 2016, sob o título "Há um tipo de líder certo para cada organização (e há o líder idiota)". Disponível em: <www.revistahsm.com.br/lideranca-e-pessoas/lideres-para-todos-os-gostos/, em 11/10/2017>. Acesso em: 5 out. 2017.

Entrevista com o prof. René Girard, publicada no You Tube em 26 set. 2016, sob o título "Teoria do desejo mimético". Disponível em: <www.youtube.com/watch?v=172Hn5HxpPo>. Acesso em: 5 out. 2017.

Entrevista Diego (jogador futebol) ao Programa *Troca de Passes* do SporTV em 12 fev. 2017. Disponível em: <http://sportv.globo.com/site/programas/troca-de-passes/noticia/2017/02/diego-diz-que-rivalidade-tem-limite-e-admite-preocupacao-apos-confrontos.html>. Acesso em: 25 nov. 2017.

Entrevista de William Ury a Monica Scaramuzzo, publicada no jornal *O Estado de S. Paulo*, no Caderno Economia, p. B9, em 27 ago. 2017, sob o título "De mediador de guerrilha a guru de Abilio".

Palestras TED/curso MOOC

AMBÜHL, Michael. *Negotiation engineering*. TED, 2016. Disponível em: <www.youtube.com/watch?v=TYVC7TyGNWo>. Acesso em: 1 out. 2017.

CUDDY, Amy. *Sua linguagem corporal molda quem você é*. TED, 2012. Disponível em: <www.ted.com/talks/amy_cuddy_your_body_language_shapes_who_you_are?language=pt-br#t-1198>. Acesso em: 25 nov. 2017.

PALAZZO, Guido; HOFFRAGE, Ulrich. *Unethical decision making in organizations*. MOOC-UNIL. Lausanne: Université de Lausanne, set. 2014.

SELIGMAN, Martin. *Martin Seligman fala sobre a psicologia positiva*. TED, 2004. Disponível em: <www.ted.com/talks/martin_seligman_on_the_state_of_psychology?language=pt-br>. Acesso em: 25 nov. 2017.

SINEK, Simon. *Como grandes líderes inspiram a ação*. TED 2009. Disponível em: <www.ted.com/talks/simon_sinek_how_great_leaders_inspire_action?language=pt-br>. Acesso em: 25 nov. 2017.

Links consultados

<www.rtp.pt/programa/tv/p33174/e9>, em 25 nov. 2017. Pepsi *vs.* Coca-Cola. Cara a Cara. Documentário na RTP Portugal, 2014.

<www.advb.com.br/site/noticia/o-futuro-da-economia-brasileira-e-a-negociacao--como-estrategia-no-segundo-dia-da-semana-do-conhecimento/>, em 13 jan. 2018. O futuro da economia brasileira e a negociação como estratégia. Publicação no *site* da Associação dos Dirigentes de Marketing e Vendas do Brasil – ADVB/RS, 2014.

<www.youtube.com/watch?v=DcqwkdTvTzs>, em 13 jan. 2018.

<www.terra.com.br/noticias/tecnologia/internet/leia-o-discurso-de-jobs-aos--formandos-de-stanford,bc38d882519ea310VgnCLD200000bbcceb0aRCRD.html>, em 13 jan. 2018. Steve Jobs: discurso proferido em junho de 2005 na Stanford University.

<www.businessinsider.com/quotes-from-richard-branson-2014-7?op=1>.

<www.cienciadaestrategia.com.br/teoriadosjogos/capitulo.asp?cap=m6>, em 24 nov. 2017.

<www.ibccoaching.com.br/portal/conheca-historia-de-romero-rodrigues-dono--do-imperio-de-sucesso-buscape/>, em 24 nov. 2017.

<www.paulekman.com>.

<www.williamury.com/pt-br/guerrilha-a-guru-de-abilio/>.

<www.youtube.com/watch?v=WPnHqIbgVRo>, em 28 nov. 2017. Robert Bordone: breaking free of gridlock in the negotiation process. Harvard Law School.

<www.itamaraty.gov.br/pt-BR/politica-externa/diplomacia-economica-comercial-
-e-financeira/132-organizacao-mundial-do-comercio-omc>. Itamaraty.
<www.cnj.jus.br/programas-e-acoes/conciliacao-e-mediacao-portal-da-conci-
liacao>. Conselho Nacional de Justiça (CNJ). Portal da Conciliação.

Glossário

Ancoragem. Refere-se à oferta inicial, ou seja, a primeira divulgação de preço/valor ou das condições, anunciada por qualquer uma das partes.

Apartheid. Foi um regime de segregação racial que vigorou entre 1948 e 1994 na África do Sul, no qual os direitos da maioria dos habitantes foram cerceados por um governo formado pela minoria branca.

BATNA (*best alternative to a negotiation agreement*). É uma alternativa fora da negociação que o indivíduo está empreendendo. Corresponde à alternativa que será adotada caso não se alcance um acordo na negociação.

Coopetição. Termo cunhado por Branderburger e Nalebuff para representar um modelo no qual os agentes cooperam para criar valor e competem na divisão de valor.

Declaração dos Direitos do Homem e do Cidadão (em francês: Déclaration des Droits de l'Homme et du Citoyen). É um documento culminante da Revolução Francesa, que define os direitos individuais e coletivos dos homens (tomada a palavra na acepção de "seres humanos") como universais.

Dumping. Prática comercial que consiste em uma ou mais empresas de um país venderem seus produtos, mercadorias ou serviços por preços extraordinariamente abaixo de seu valor justo para outro país, por um tempo, visando prejudicar e eliminar os fabricantes de produtos similares concorrentes no local, passando então a dominar o mercado e impondo preços altos.

Equilíbrio de Nash. É um equilíbrio não cooperativo em que cada parte toma suas decisões buscando fazer o melhor que pode em função do que a outra parte está fazendo.

Etimologia. É a parte da gramática que trata da história ou origem das palavras e da explicação do significado de palavras por meio da análise dos elementos que as constituem.

***Gap* perceptivo.** Diferenças na interpretação dos conceitos e posicionamento das partes.

Jogos ganha/ganha. Também denominados ganhos mútuos, em que todas as partes ganham.

Jogos ganha/perde. Também denominados jogos soma zero, são situações em que há uma perda correspondente a um ganho (+ 1/ - 1).

Lei de Gerson. Expressão utilizada quando se busca obter uma vantagem a qualquer preço.

Luta "Davi contra Golias". Golias foi um guerreiro de Gate (1 Samuel 17:4), descrito como um homem medindo 2,90 que participou do episódio da batalha entre os filisteus e o povo de Israel. Golias foi confrontado e morto por Davi, segundo relatos da Bíblia. Davi pegou uma pedra e atirou com a funda e ela penetrou a testa de Golias, que estava todo paramentado para a luta.

MAANA (melhor alternativa a um acordo negociado). O mesmo que BATNA.

Matriz de negociações complexas (MNC). Metodologia/técnica para condução de processos de negociação, complementar ao método de negociação por interesses desenvolvido por Harvard.

Moba. Jogos cujos resultados definem ganhadores e perdedores (jogos de dama, de xadrez, de tênis etc.) são denominados "jogos ganha/perde". Uma negociação ganha/perde ocorre quando uma parte obtém o resultado desejado, em consequência do insucesso da outra parte, que sai perdedora, não encerrando assim o conflito, mas adiando-o.

Newgociador – denominação dada ao moderno estilo de negociar; negociador que busca ganhos mútuos, utilizando técnicas e metodologias que facilitam uma nova forma de liderança sobre os negociadores autoritários tradicionais que buscam levar vantagem em tudo, em um jogo de ganha/perde.

Preço reserva. Representado pelo valor máximo que o comprador está disposto a pagar e pelo valor mínimo pelo qual o vendedor está disposto a vender o produto.

SEC (*Secutiries and Exchange Commission***).** Corresponde, no Brasil, à Comissão de Valores Mobiliários. A SEC tem a função de proteger os investidores norte-americanos.
Stakeholder. Pessoa ou grupo de pessoas afetadas por uma decisão ou que desejem fazer parte em uma tomada de decisão em qualquer nível.

Tamanho da torta. Expressão utilizada pelos negociadores para identificar as condições que são negociadas. Quando se cria valor "aumenta-se o tamanho da torta".
Tempestade de ideias. Expressão traduzida do conceito de *brainstrom*, que é uma técnica de dinâmica de grupo utilizada para explorar a potencialidade criativa de um indivíduo ou de um grupo (criatividade em equipe), colocando-a a serviço de objetivos predeterminados. Não há compromisso, mas liberdade de expressar o que vier à cabeça.

Zopa (zona de possíveis acordos). Refere-se à amplitude entre os valores de compra e de venda divulgados pelas partes em uma negociação. O acordo cujo resultado satisfaça ambas as partes será encontrado em algum ponto no interior desse intervalo.

Os autores

Yann Duzert
Pós-doutor pelo MIT-Harvard Public Disputes Program, baseado no Program on Negotiation de Harvard. Doutor em gestão do risco, da informação e da decisão pela Ecole Normale Supérieure na França. Professor associado da Université Paris Dauphine e professor na Fundação Getulio Vargas (FGV). Autor de 17 livros de negociação e gestão de conflitos publicados no Brasil, nos EUA, na França, Itália e China, com professores de Harvard, MIT, Stanford, USC, FGV, Paris Dauphine, Essec, ESCP, UFRJ e Uerj. Consultor de resolução de conflitos, tendo trabalhado para diversas grandes empresas, com destaque para Presidência da República do Brasil, World Bank, Banco Central, Banco do Brasil, Siemens, Petrobras, Embraer, entre várias. Especialista na resolução de conflitos, é comentarista da CGTN TV, GloboNews, *Veja*, *Folha de S.Paulo*, *Le Monde*, entre outros. Eleito um dos 100 melhores palestrantes do Brasil na categoria negociação. Criador da técnica *newgotiation* utilizada no mundo inteiro.

Ana Tereza Schlaepfer Spinola
Mestre em administração pela Fundação Getulio Vargas (FGV). Doutoranda pela Rennes School of Business. Pós-graduada em pesquisa operacional pela Coppe/UFRJ. Pós-graduada em finanças corporativas pela PUC-Rio. Coordenadora executiva da Pró-Reitoria de Ensino, Pesquisa e Pós-graduação da FGV. Autora de diversos livros e artigos de negociação. Professora da disciplina Negociação no Programa de Pós-Graduação em Administração da FGV. Pesquisadora.

Este livro foi impresso nas oficinas gráficas da Editora Vozes Ltda.,
Rua Frei Luís, 100 – Petrópolis, RJ.